**Beck/Wachtler**

# Trainingsmodul Absatzprozesse für Industriekaufleute

Industrielle Geschäftsprozesse (GP 4)

www.kiehl.de

# Trainingsmodul Absatzprozesse für Industriekaufleute

## Industrielle Geschäftsprozesse (GP 4)

Von

Dipl.-Hdl. Karsten Beck und

Dipl.-Hdl. Michael Wachtler

3., aktualisierte Auflage

WISSEN > LERNEN > TRAINIEREN

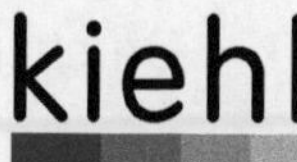

ISBN 978-3-470-**59633**-4 · 3., aktualisierte Auflage 2021


www.kiehl.de

**Kiehl ist eine Marke des NWB Verlags**



Satz: Röser MEDIA GmbH & Co. KG, Karlsruhe
Druck: Elanders GmbH, Waiblingen

# Vorwort

Die Trainingsmodule ermöglichen angehenden Industriekaufleuten ein individuelles Lernen in unterschiedlichen Fachgebieten. Sie enthalten zu jedem Thema das für die Prüfung notwendige Wissen, zeigen Lösungswege für prüfungstypische Aufgabenstellungen auf und ermöglichen zu jeder Zeit der Ausbildung ein persönliches Wissenstraining mit Aufgaben unterschiedlicher Schwierigkeitsstufen.

- Im **Wissensteil** finden Sie die Inhalte, die für die Prüfung wichtig sind.
- Im **Lernteil** erfahren Sie, wie Sie an Aufgabenstellungen herangehen und
- im **Trainingsteil** können Sie üben und Ihren Wissensstand jederzeit kontrollieren.

Beachten Sie dazu bitte auch den **Benutzerhinweis** auf Seite 6.

Dieser Band beschäftigt sich mit absatzwirtschaftlichen Fragen, insbesondere mit Marktforschung, Marketing-Mix, Produktpolitik, Preispolitik, Kommunikationspolitik, Distributionspolitik, Risiken des Exportgeschäfts, Incoterms und Zahlungssicherung im Exportgeschäft.

Wir wünschen Ihnen eine erfolgreiche Ausbildung und freuen uns auf ein Feedback.

*Karsten Beck*
*Michael Wachtler*
Erlangen, im Dezember 2020

# Benutzerhinweis

**Der Aufbau der Trainingsmodule**

Die Trainingsmodule für Industriekaufleute folgen einem modernen Lernkonzept. Durch die Zerlegung des gesamten Stoffs der dreijährigen Ausbildung in einzelne Module können sich Auszubildende individuell vorbereiten und ihr eigenes Lernprogramm zusammenstellen. Für jedes Prüfungsfach gibt es mehrere Module zu unterschiedlichen Themen. Jeder Band enthält einen Wissensteil, einen Lernteil und einen Trainingsteil.

## WISSEN

Der Wissensteil zeigt, was zum jeweiligen Thema gehört, strukturiert den Stoff und enthält in kompakter und übersichtlicher Form nur die Lerninformationen, die der Leser für die Prüfung braucht.

## LERNEN

Im Lernteil erfährt der Leser, wie er aus dem Labyrinth möglicher Aufgabenstellungen herausfindet, worauf er achten muss, wie er beim jeweiligen Thema an Aufgaben und Fälle herangeht und wo mögliche Stolpersteine liegen können.

## TRAINIEREN

Der Trainingsteil enthält Fragen, Aufgaben und Fälle auf unterschiedlichen Niveaustufen und in unterschiedlicher Methodik, z. B. offene Wissensfragen, Multiple-Choice-Aufgaben, Zuordnungsaufgaben, Rechenbeispiele, Situationsaufgaben und komplexe Fälle einschließlich deren Lösung.

**Die Symbole**

Die folgenden Symbole erleichtern Ihnen die Arbeit mit diesem Buch.

## LABYRINTH

Dieses Symbol führt Sie zu den Antworten auf die zentralen Fragen eines Themas oder einer Aufgabenstellung.

## MERKE

Die Hand macht auf wichtige Merksätze oder Definitionen aufmerksam.

## STOLPERSTEIN

Immer wenn das Ausrufezeichen auftaucht, ist Vorsicht geboten. Es zeigt typische Stolpersteine oder Fehler, die Prüflinge immer wieder begehen.

## TIPP

Hier finden Sie nützliche Zusatzinformationen und Hinweise.

# INHALT

SEITE

## Industrielle Geschäftsprozesse

## Absatzprozesse (GP 4)

# INHALT

SEITE

# I. Erhebung von Marktdaten

Dieses Kapitel behandelt folgende Fragestellungen:

- Wie können relevante Informationen über den Absatzmarkt gewonnen werden?
- Welche Kennzahlen werden zur Charakterisierung eines Absatzmarktes herangezogen?

## 1. Marktforschung

## Was muss ich für die Prüfung wissen?

### 1.1 Formen der Marktuntersuchung

Ziel jeder Marktuntersuchung ist es, diejenigen Marktdaten zu ermitteln, die als Grundlage für absatzpolitische Entscheidungen dienen können. Man unterscheidet folgende Formen der Marktuntersuchung:

<table>
<tr><th colspan="3">Marktuntersuchung</th></tr>
<tr><td rowspan="3">Markterkundung<br>⇒ unsystematisch, sporadisch</td><td colspan="2">Marktforschung<br>⇒ systematisch, nach wissenschaftlichen Grundsätzen</td></tr>
<tr><td>Marktanalyse<br>⇒ einmalige Untersuchung zu einem bestimmten Zeitpunkt</td><td>Marktbeobachtung<br>⇒ fortlaufende Untersuchung über einen bestimmten Zeitraum</td></tr>
<tr><td colspan="2">Ergebnis der Marktforschung: Marktprognose<br>⇒ Vorhersage der Marktentwicklung als Grundlage für absatzpolitische Entscheidungen</td></tr>
</table>

## 1.2 Marktfaktoren

Als Marktfaktoren werden die Faktoren bezeichnet, die die absatzpolitischen Entscheidungen eines Unternehmens beeinflussen. Marktfaktoren können sich prinzipiell auf (potenzielle) Kunden, Wettbewerber oder Absatzmittler (z. B. Händler) beziehen.

| Gegenstände der Marktforschung | | |
|---|---|---|
| **Kunden** | **Wettbewerber** | **Absatzmittler** |
| • Alter<br>• Geschlecht<br>• Familienstand<br>• Einkommen<br>• Beruf<br>• Einkaufsgewohnheiten<br>• Kundenwünsche (im Hinblick auf das Produkt)<br>• etc. | • Preisgestaltung<br>• Qualitätsniveau<br>• Marktanteil<br>• Umsatz/Absatz<br>• Produktpalette<br>• Werbung<br>• Vertriebsnetz<br>• Betriebsgröße<br>• etc. | • Standorte<br>• Kundenkreis<br>• Umsatz/Absatz<br>• Bekanntheitsgrad<br>• Betriebsgröße<br>• Lagerkapazitäten<br>• Sortiment<br>• Preisniveau<br>• etc. |

## 1.3 Ökoskopische und demoskopische Marktforschung

Je nachdem, ob die erhobenen Daten subjektiver oder objektiver Natur sind, unterscheidet man demoskopische und ökoskopische Marktforschung.

| Art der Marktdaten | |
|---|---|
| **Ökoskopische Marktforschung**<br>• ist sach- bzw. objektbezogen<br>• untersucht objektive Marktgrößen. | **Demoskopische Marktforschung**<br>• ist subjektbezogen (i. d. R. auf die Person des Nachfragers)<br>• untersucht Verhaltensweisen und Einstellungen der Nachfrager. |
| **Beispiele:**<br>• Marktanteil von Konkurrenten<br>• Preise von Produkten. | **Beispiele:**<br>• Preisbewusstsein der Kunden<br>• Einkaufsverhalten der Verbraucher im Supermarkt. |

## 1.4 Methoden der Marktforschung

Hier geht es um die Frage, wie die Marktdaten ermittelt werden.

| Methoden der Marktforschung | |
|---|---|
| **Primärforschung**<br>⇒ Erhebung neuer Marktdaten | **Sekundärforschung**<br>⇒ Rückgriff auf vorhandene Marktdaten |
| **Beobachtung**<br>⇒ erfasst das tatsächliche Verhalten von Marktteilnehmern durch eine Beobachtung<br><br>**Befragung**<br>⇒ Interview, mündlich bzw. telefonisch<br>⇒ Fragebogen, schriftlich bzw. Online-Fragebogen<br>⇒ Panel: die gleiche Gruppe von Personen wird über einen längeren Zeitraum zum gleichen Thema befragt (Haushaltspanel, Händlerpanel, Fernsehpanel etc.)<br>⇒ Omnibusbefragung: einmalige Befragung zu unterschiedlichen Themen<br><br>**Experiment**<br>⇒ untersucht einen bestimmten Sachverhalt unter genau festgelegten Bedingungen (z. B. Wirkung eines Werbeslogans auf eine Versuchsgruppe)<br><br>**Markttest**<br>⇒ probeweise Einführung eines Produktes auf einem echten, aber begrenzten Markt | **Interne Datenquellen**<br>⇒ Verkaufsstatistiken<br>⇒ Kundendatei<br>⇒ Kalkulationen<br>⇒ GuV<br><br>**Externe Datenquellen**<br>⇒ Veröffentlichungen von Marktforschungsinstituten<br>⇒ Statistisches Bundesamt/Statistische Landesämter<br>⇒ Geschäftsberichte von Unternehmen<br>⇒ Wirtschaftsverbände<br>⇒ Industrie- und Handelskammern<br>⇒ Universitäten/Hochschulen<br>⇒ Presse (Zeitungen, Zeitschriften)<br>⇒ Messen<br>⇒ Internet |

# Was erwartet mich in der Prüfung?

## 1. Das Lernlabyrinth

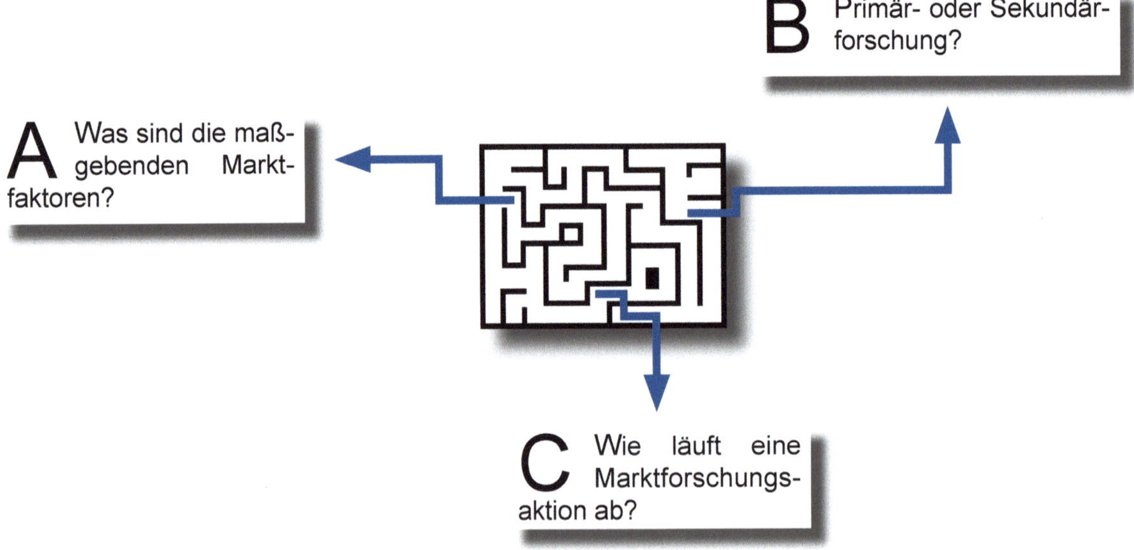


## 2. Wege aus dem Lernlabyrinth

### A Was sind die maßgebenden Marktfaktoren?

Zunächst einmal muss man sich darüber klar werden, welche der zahlreichen Marktfaktoren entscheidungsrelevant sind. Geht es um die Planung einer Werbekampagne, ist z. B. das Medienverhalten (Fernsehgewohnheiten etc.) der Zielgruppe maßgebend. Soll das Preisniveau eines neuen Produktes bestimmt werden, interessiert uns die Preisempfindlichkeit der Kunden etc.

### B Primär- oder Sekundärforschung?

Eine der grundlegendsten Entscheidungen im Rahmen der Marktforschung ist, ob eine eigene Erhebung durchgeführt oder auf bereits vorhandene Daten zurückgegriffen werden soll. Die Vor- und Nachteile der Primär- und Sekundärforschung sind dabei gegeneinander abzuwägen.

| Erhebungsart: | Primärforschung | Sekundärforschung |
|---|---|---|
| **Vorteile:** | • auf den Informationsbedarf des eigenen Unternehmens zugeschnitten<br>• Aktualität der Daten. | • geringerer Zeitaufwand für die Datengewinnung<br>• dadurch i. d. R. auch geringere Kosten. |

Die Nachteile ergeben sich jeweils aus den Vorteilen der anderen Erhebungsart.

## C Wie läuft eine Marktforschungsaktion ab?

Einen pauschalen und immer gleichen Ablauf einer Marktforschungsaktion gibt es nicht. Bestimmte Aspekte sind jedoch nahezu bei jeder Marktforschungsaktion zu berücksichtigen. Im folgenden Abschnitt wird der mögliche Ablauf einer Marktforschungsaktion am Beispiel eines Fahrradherstellers exemplarisch dargestellt.

### 1. Zielbestimmung

Was ist das Ziel der Marktforschungsaktion, also was möchte ich über den Markt und die Marktteilnehmer herausfinden?

**Beispiel:**
Ein Fahrradhersteller möchte wissen, wo potenzielle Kunden bevorzugt Fahrräder kaufen (z. B. Fachgeschäft, Baumarkt, Werksverkauf, Versandhandel etc.), um seine Distributionspolitik darauf ausrichten zu können.

### 2. Festlegung eines Erhebungszeitraums

Über welchen Zeitraum möchte ich Marktdaten erheben?

Hierbei stellt sich zunächst die Frage, ob eine zeitpunkt- oder zeitraumbezogene Erhebung gewünscht ist.

Soll die Marktsituation zu einem ganz bestimmten Zeitpunkt dargestellt werden, wird eine Marktanalyse durchgeführt.

**Beispiel:**
Der Fahrradhersteller möchte den aktuellen Umsatzanteil der einzelnen Vertriebskanäle am Gesamtumsatz der Branche ermitteln.

Wenn Trends bzw. Marktentwicklungen herausgefunden werden sollen, findet eine Marktbeobachtung statt.

**Beispiel:**
Der Fahrradhersteller möchte herausfinden, wie sich der Anteil des Versandhandels am gesamten Branchenumsatz über einen Zeitraum von fünf Jahren verändert hat.

### 3. Wahl der Erhebungsmethode

Welche Medien setzen wir ein? Wie soll die Erhebung im Detail gestaltet sein?

Prüfen Sie zuerst, ob die gewünschten Daten oder Teile davon vielleicht schon vorhanden sind. So können Sie sich aufwendige Primärforschungsaktionen zumindest teilweise ersparen.

**Beispiel:**
Der Fahrradhersteller hat durch eine Suchmaschinen-Recherche im Internet herausgefunden, dass ein bekanntes Marktforschungsunternehmen bereits eine aktuelle Studie zum Versandhandel in Deutschland durchgeführt hat und diese zum Kauf anbietet. Da die Studie u. a. auch Daten zum Versandhandel in der Fahrradbranche enthält, entschließt sich der Fahrradhersteller, die Studie zu erwerben.

Wenn es um die Wahl der geeigneten Erhebungsmethode für eine Primärforschung geht, sind folgende Überlegungen anzustellen:

- Welche Erhebungsmethode ist am ehesten geeignet? (Befragung, Beobachtung, Markttest etc.)
- Mithilfe welcher Medien erreiche ich die Zielgruppe am besten? (Internet, Post etc.)
- Lässt sich die Erhebung mit dem zur Verfügung stehenden Budget durchführen?

**Beispiel:**
Der Fahrradhersteller entscheidet sich zur Durchführung einer Händlerbefragung mittels eines standardisierten Fragebogens, der den wichtigsten Händlern per Post zugesendet wird.

Selten lassen sich mit einer bestimmten Erhebungsmethode alle gewünschten Daten ermitteln. Oft kombiniert man deshalb verschiedene Erhebungsmethoden, um insgesamt zu möglichst aussagefähigen Ergebnissen zu kommen.

**Beispiel:**
Der Fahrradhersteller führt zusätzlich zur Händlerbefragung eine Online-Befragung durch. Hierbei nutzt er seine eigene Homepage, auf der die Besucher freiwillig an einer Umfrage teilnehmen können. Um den Anreiz zur Teilnahme an der Umfrage zu verstärken, wird die Umfrage mit einem Gewinnspiel gekoppelt.

Berücksichtigen Sie bereits bei der Erstellung des Fragebogens den Aufwand, der für die spätere Auswertung entsteht. Offene Fragestellungen sind statistisch nur sehr schwer verwertbar.

Standardisierte Fragebögen mit Auswahlantworten, Noten- oder Punkteskalen lassen sich einfacher und schneller auswerten.

#### 4. Bestimmung des Erhebungsraumes bzw. -ortes

An welchem Ort bzw. in welchem Gebiet soll die Erhebung erfolgen?

Je repräsentativer eine Erhebung sein soll, umso mehr Personen müssen in die Erhebung einbezogen werden und umso größer muss dann in der Regel das Erhebungsgebiet sein. Andererseits verursacht eine große Menge zu erhebender Daten höhere Kosten. Nutzen und Kosten der Erhebung müssen daher in einem angemessenen Verhältnis zueinander stehen.

**Beispiel:**
Der Fahrradhersteller hat den deutschen Markt in sieben Verkaufsregionen eingeteilt. Die drei umsatzstärksten Fahrradhändler einer jeden Verkaufsregion erhalten jeweils einen Fragebogen.

**5. Durchführung der Erhebung**

Je nach Erhebungsmethode sind verschiedene Faktoren zu beachten. Für eine persönliche Befragung muss beispielsweise das erforderliche Personal zur Verfügung gestellt werden. Bei einer Befragung mittels Postwurfsendung oder E-Mail muss einkalkuliert werden, dass nur ein Teil der versendeten Fragebögen ausgefüllt und zurückgesendet wird.

**6. Auswertung**

Die Auswertung der Erhebung soll zu einer übersichtlichen Darstellung der wesentlichen Erkenntnisse führen (z. B. mithilfe von Diagrammen). Die Erkenntnisse dienen dann als Grundlage für absatzpolitische Entscheidungen.

Die absatzpolitischen Entscheidungen selbst sind kein Teil der Marktforschung mehr. Sie sind i. d. R. dem sogenannten Marketing-Mix zuzuordnen (vgl. Kapitel III.).

**Beispiel:**
Zu den wesentlichen Ergebnissen der Marktforschungsaktion gehört die Erkenntnis, dass für den Anteil der Online-Shops am Gesamtumsatz der Fahrradbranche ein deutlicher Aufwärtstrend prognostiziert wird. Der Fahrradhersteller könnte darauf reagieren, indem er einen Online-Shop auf der eigenen Homepage einrichtet.

# So trainiere ich für die Prüfung

## Aufgaben

## 1. Wissensfragen

### 1.1 Lernfragen

1. Worin besteht der Unterschied zwischen Markterkundung und Marktforschung?
2. Wodurch unterscheidet sich eine Marktanalyse von einer Marktbeobachtung?
3. Erläutern Sie den Unterschied zwischen Primär- und Sekundärforschung.
4. Nennen Sie zwei Vorteile der Primärforschung gegenüber der Sekundärforschung.
5. Zählen Sie drei mögliche Erhebungsmethoden der Primärforschung auf.

### 1.2 Mehrfachauswahl

1. Welche Aussage zur Marktforschung ist richtig?
   a) Marktforschungsergebnisse beziehen sich immer auf einen ganz bestimmten Zeitpunkt.
   b) Für Marktforschung existieren keine wissenschaftlichen Grundsätze.
   c) Marktforschung erfolgt in der Regel sporadisch und unsystematisch.
   d) Ergebnis der Marktforschung ist eine Marktprognose.
   e) Gegenstand der Marktforschung ist immer der Verbraucher.

2. Welche der folgenden Informationen werden bei einer demoskopischen Marktforschung gewonnen?
   a) Einkommen einer bestimmten Zielgruppe
   b) Aufgliederung eines Marktes nach Marktanteilen
   c) Sättigungsgrad eines Marktes
   d) Marktvolumen
   e) Einkaufsgewohnheiten von Verbrauchern einer Großstadt
   f) Marktwachstum.

3. Welche Aussage trifft auf die Sekundärforschung zu?
   a) Die Sekundärforschung erhebt Marktdaten, die bisher noch nicht vorhanden waren.
   b) Die Sekundärforschung befasst sich mit den Unternehmen des sekundären Sektors.
   c) Die Sekundärforschung greift ausschließlich auf externe Datenquellen zurück.

d) Die Sekundärforschung führt in der Regel zu aktuelleren Ergebnissen als die Primärforschung.

e) Die Sekundärforschung verursacht in der Regel weniger Kosten als die Primärforschung.

**4.** Ordnen Sie folgende Faktoren den betreffenden Marktforschungsgegenständen zu.

| Faktoren | Verbraucher | Konkurrenz | Händler |
|---|---|---|---|
| a) Qualität der Produkte | | | |
| b) Umsatz pro m² Verkaufsfläche | | | |
| c) Familienstand | | | |
| d) Verfügbares Einkommen | | | |
| e) Fernsehgewohnheiten | | | |

**5.** In welchen Fällen handelt es sich nicht um Primärforschung?

a) Ein Schokoladenhersteller bietet Schokolade mit einer neuen Verpackung auf einem Testmarkt an.

b) Ein Marktforschungsunternehmen führt eine Händlerbefragung im Auftrag eines Haushaltsgeräteherstellers durch.

c) Ein Automobilkonzern zieht für seine Absatzplanung volkswirtschaftliche Daten des Statistischen Bundesamtes heran.

d) Ein Textilhersteller lässt eine ausgesuchte Personengruppe das neue Design verschiedener Kleidungsstücke beurteilen.

e) Eine Großbrauerei kauft für die Planung einer Werbekampagne die Studie eines Marktforschungsunternehmens über den deutschen Werbemarkt.

f) Ein Verlag führt über das Internet eine Online-Befragung zur Ermittlung der Kundenzufriedenheit durch.

## 2. Fallsituation

Der Haushaltsgerätehersteller Rotex AG produziert und verkauft u. a. Waschmaschinen. Die relativ veraltete Produktpalette soll überarbeitet und neue Waschmaschinenmodelle sollen auf den Markt gebracht werden. Vor der Einführung der neuen Modelle führt die Marketingabteilung der Rotex AG eine Marktforschungsaktion durch.

**a)** Welche Marktfaktoren beeinflussen den Absatz der Rotex AG? Zählen Sie für die Gruppen „Verbraucher", „Konkurrenz" und „Händler" jeweils zwei relevante Faktoren auf.

**b)** Der Marketingleiter bevorzugt die Sekundärforschung grundsätzlich gegenüber der Primärforschung. Begründen Sie anhand von zwei Argumenten, warum dies unter Umständen sinnvoll ist.

**c)** Versuchen Sie den Marketingleiter anhand von zwei Argumenten davon zu überzeugen, dass die Sekundärforschung in diesem Fall nicht ausreicht und deshalb um Primärforschung ergänzt werden sollte.

**d)** Sie erhalten vom Marketingleiter den Auftrag, im Rahmen Ihrer Marktforschungsaktivitäten folgende Sachverhalte herauszufinden:

- Wie hoch sind die Preise vergleichbarer Waschmaschinenmodelle der größten Konkurrenten? (Diese Information wird für die Preiskalkulation im Vertrieb benötigt.)
- Inwieweit spielt der Energieverbrauch für die Kaufentscheidung der Kunden eine Rolle? (Diese Information wird für die Produktentwicklung benötigt.)
- Wie sind die Fernsehgewohnheiten der Zielgruppe „Hausfrauen"? (Diese Information wird für die Planung einer Werbekampagne im Fernsehen benötigt.)

Unterbreiten Sie Vorschläge, mithilfe welcher konkreten Methoden Sie diese Informationen ermitteln können.

**e)** Der Marketingleiter hat entschieden, dass eine Verbraucherbefragung durchgeführt werden soll, um zu ermitteln, auf welche Produkteigenschaften die Kunden bei ihrer Kaufentscheidung besonderen Wert legen. Führen Sie fünf Schritte in einer logischen Reihenfolge an, die in diesem Zusammenhang zu vollziehen sind.

## Lösungen

# 1. Wissensfragen

## 1.1 Lernfragen

**1.**
Markterkundung: unsystematische Erhebung von Marktdaten
Marktforschung: systematische Erhebung von Marktdaten

**2.**
Marktanalyse: einmalige Marktuntersuchung zu einem bestimmten Zeitpunkt
Marktbeobachtung: fortlaufende Marktuntersuchung über einen längeren Zeitraum

**3.**
Primärforschung: Erhebung neuer Marktdaten direkt am Markt
Sekundärforschung: Rückgriff auf bereits vorhandene Marktdaten

**4.**
Primärforschung ist auf den eigenen Informationsbedarf zugeschnitten
Primärforschung liefert aktuellere Daten

**5.**
Z. B. Befragung, Experiment, Markttest

## 1.2 Mehrfachauswahl

**1. d**

a) Marktforschung kann sich auch auf einen Zeitraum beziehen.
b) c) Marktforschung erfolgt systematisch nach wissenschaftlichen Grundsätzen.
e) Marktforschung kann sich auf andere Objekte (z. B. Konkurrenz, Händler etc.) beziehen.

**2. a, e**

In diesen Fällen handelt es sich um subjektbezogene Daten. In den anderen Fällen handelt es sich um objektbezogene Marktdaten (ökoskopische Marktforschung).

**3. e**

Da die Sekundärforschung bereits vorhandenes Datenmaterial nutzen kann, reduziert sich der Aufwand für die Datenerhebung.

c) Die Sekundärforschung kann auch auf interne Datenquellen zurückgreifen (z. B. Umsatzstatistiken).

**4.**

| Faktoren | Verbraucher | Konkurrenz | Händler |
|---|---|---|---|
| a) Qualität der Produkte | | x | |
| b) Umsatz pro m² Verkaufsfläche | | | x |
| c) Familienstand | x | | |
| d) Verfügbares Einkommen | x | | |
| e) Fernsehgewohnheiten | x | | |

**5. c, e**

In diesen Fällen wird auf bereits vorhandene Daten zurückgegriffen. Dabei spielt es keine Rolle, wer die Daten erhoben hat. Im Fall b) werden die Daten zwar von einem Marktforschungsinstitut erhoben, es handelt sich dabei aber nicht um die Erhebung neuer Daten.

# 2. Fallsituation

**a)**

Verbraucher: z. B. Familienstand, Einkommen
Konkurrenz: z. B. Marktanteil, Preise
Händler: z. B. Fachkenntnisse, Service

**A**

**b)**

Da bei Sekundärforschung auf bereits vorhandene Daten zurückgegriffen werden kann, entfallen die Kosten für die Durchführung einer eigenen Erhebung. Außerdem stehen die Daten schneller zur Verfügung als bei einer eigenen Datenerhebung, die erst noch durchgeführt werden muss.

**B**

B

c)

Die Daten der Sekundärforschung sind evtl. nicht aktuell genug, um als Basis für die Entwicklung und Einführung neuer Waschmaschinenmodelle dienen zu können. Außerdem sind die vorhandenen Marktdaten nicht speziell auf die Rotex AG und ihren Informationsbedarf zugeschnitten.

C

d)

Preise der Konkurrenten: z. B. durch Verkaufsprospekte, Messebesuche
Energieverbrauch als Kaufkriterium: z. B. durch Händlerbefragungen, Online-Befragung von Kunden
Fernsehgewohnheiten: z. B. Fernsehpanel eines Marktforschungsunternehmens (GfK)

C

e)

**Beispiel:**

1. Festlegung der Befragungsinhalte
2. Entwicklung eines standardisierten Fragebogens
3. Auswahl geeigneter Orte für die Befragung
4. Durchführung der Befragung
5. Auswertung der Befragungsergebnisse.

# 2. Marktkennzahlen

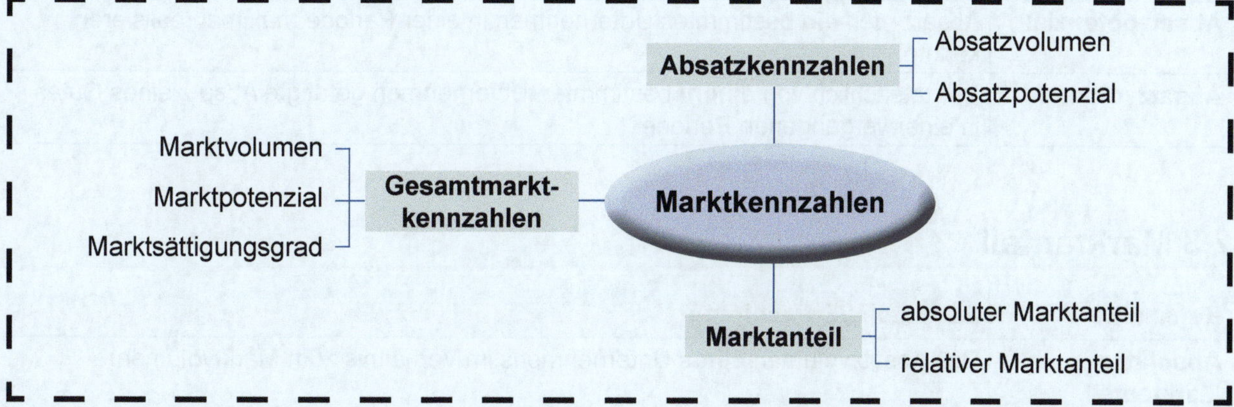


## Was muss ich für die Prüfung wissen?

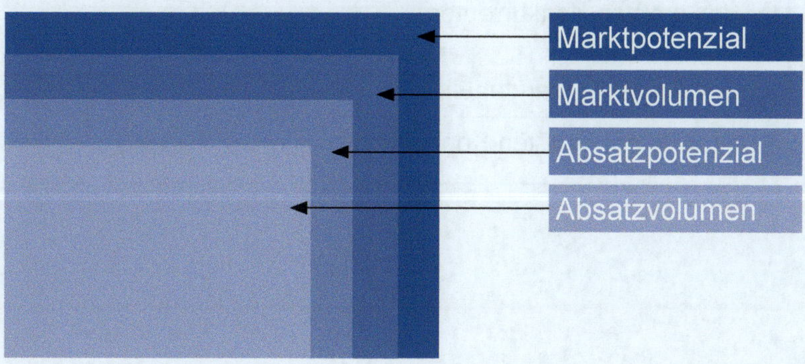


### 2.1 Gesamtmarktkennzahlen

| Kennzahl | Bedeutung/Berechnung |
|---|---|
| **Marktpotenzial** | Der Absatz bzw. der Umsatz, der in einem bestimmten Zeitraum bei optimaler Wirksamkeit der Absatzanstrengungen **aller Anbieter** erreicht werden könnte (maximale Aufnahmefähigkeit eines Marktes). |
| **Marktvolumen** | Der in einem vergangenen Zeitraum von **allen Anbietern** getätigte Absatz bzw. Umsatz eines Gutes (effektiv in einem Markt getätigte Absätze/Umsätze). |
| **Marktsättigungsgrad** | Marktvolumen in Relation zum Marktpotenzial (Marktdurchdringung). $\frac{\text{Marktvolumen}}{\text{Marktpotenzial}} \cdot 100\ \%$ |

## 2.2 Absatzkennzahlen

| Kennzahl | Bedeutung |
|---|---|
| **Absatzpotenzial** | Absatz, den **ein** bestimmtes Unternehmen in einer Periode maximal realisieren könnte. |
| **Absatzvolumen** | Der tatsächlich von **einem** bestimmten Unternehmen getätigte Absatz eines Gutes in einer vergangenen Periode. |

## 2.3 Marktanteil

| Kennzahl | Bedeutung/Berechnung |
|---|---|
| **Absoluter Marktanteil** | Das Absatzvolumen **eines** Unternehmens im Verhältnis zum Marktvolumen. $\frac{\text{Absatzvolumen}}{\text{Marktvolumen}} \cdot 100\ \%$ |
| **Relativer Marktanteil** | (absoluter) Marktanteil **eines** Unternehmens im Verhältnis zum (absoluten) Marktanteil des größten Konkurrenten. $\frac{\text{eigener Marktanteil}}{\text{Marktanteil des größten Konkurrenten}} \cdot 100\ \%$ |

# Was erwartet mich in der Prüfung?

## 1. Das Lernlabyrinth

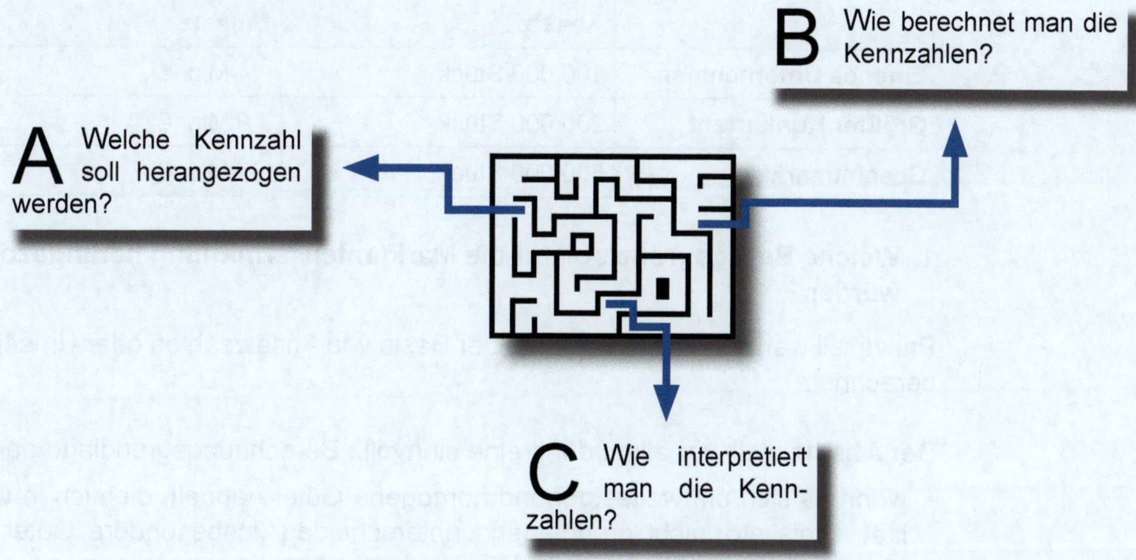


## 2. Wege aus dem Lernlabyrinth

### A Welche Kennzahl soll herangezogen werden?

Folgende Fragestellungen sind zu beachten:

a) Soll der gesamte Markt oder nur das eigene Unternehmen betrachtet werden?
b) Soll der Ist-Zustand oder das Potenzial dargestellt werden?
c) Soll die Marktstellung des eigenen Unternehmens als Anteil ermittelt werden?

| | Markt | Eigenes Unternehmen |
|---|---|---|
| **Ist-Werte** | Marktvolumen | Absatzvolumen |
| **Potenzial** | Marktpotenzial | Absatzpotenzial |
| **Anteil** | Marktanteil (absolut oder relativ) | |

Absoluter oder relativer Marktanteil?

Der absolute Marktanteil setzt den eigenen Absatz in Relation zum Gesamtmarkt. Der relative Marktanteil hingegen ist vor allem dann aussagekräftig, wenn der Vergleich mit dem stärksten Konkurrenten im Mittelpunkt der Betrachtung stehen soll.

## B Wie berechnet man die Kennzahlen?

**Beispiel:**
Über einen Markt, auf dem homogene Güter verkauft werden, sind für eine Periode folgende Daten bekannt:

| | Absatz | Umsatz |
|---|---|---|
| **Eigenes Unternehmen** | 100.000 Stück | 4 Mio. € |
| **Größter Konkurrent** | 200.000 Stück | 9 Mio. € |
| **Gesamtmarkt** | 500.000 Stück | 22 Mio. € |

### 1. Welche Bezugsgröße soll für die Marktanteilsermittlung herangezogen werden?

Prinzipiell werden Marktanteile auf der Basis von Absatzzahlen oder Umsätzen berechnet.

Der **Absatz** stellt vor allem dann eine sinnvolle Berechnungsgrundlage dar,

- wenn es sich um weitestgehend homogene Güter handelt, die sich in Qualität, Preis etc. nicht grundlegend unterscheiden (insbesondere Güter der Massen- und Großserienproduktion)
- und die Absatzmenge statistisch erfassbar ist.

Beispiele: Strom, Rohstahl, Zigaretten, Autos etc.

Der **Umsatz** hingegen wird bevorzugt dann verwendet,

- wenn es sich um heterogene Güter handelt, die nicht vergleichbar sind
- und/oder Absatzzahlen nicht erfassbar bzw. nur unzureichend bekannt sind.

Beispiele: Hochbau, Spezialmaschinen, Großanlagengeschäft etc.

**Beispiel:**
Da es sich um homogene Güter handelt, wird für die bevorstehenden Berechnungen der Absatz herangezogen.

### 2. Wie berechnet man den absoluten Marktanteil?

**Beispiel:**

$$\text{Absoluter Marktanteil} = \frac{\text{Absatz eigenes Unternehmen}}{\text{Absatz Gesamtmarkt}} \cdot 100\ \%$$

$$= \frac{100.000\ \text{Stück}}{500.000\ \text{Stück}} \cdot 100\ \%$$

$$= 20\ \%$$

**3. Wie berechnet man den relativen Marktanteil?**

**Beispiel:**

$$\text{Relativer Marktanteil} = \frac{\text{Absatz eigenes Unternehmen}}{\text{Absatz größter Konkurrent}} \cdot 100\,\%$$

$$= \frac{100.000 \text{ Stück}}{200.000 \text{ Stück}} \cdot 100\,\%$$

$$= 0{,}5 \; (= 50\,\%)$$

## C Wie interpretiert man die Kennzahlen?

**Beispiel:**

Interpretation des absoluten Marktanteils: Das eigene Unternehmen hat einen Anteil von 20 % am gesamten Absatz des Marktes.

Interpretation des relativen Marktanteils: Der Absatz des eigenen Unternehmens ist halb so groß wie das absatzstärkste Unternehmen auf dem Markt.

# So trainiere ich für die Prüfung

## Aufgaben

## 1. Wissensfragen

### 1.1 Lernfragen

1. Wodurch unterscheiden sich absoluter und relativer Marktanteil?
2. Wodurch unterscheiden sich Marktvolumen und Marktpotenzial?
3. Erläutern Sie, welcher Rückschluss aus dem Sättigungsgrad eines Marktes gezogen werden kann.

### 1.2 Mehrfachauswahl

1. Welche Erklärung trifft auf das Absatzvolumen zu?
   a) Das Absatzvolumen ist i. d. R. größer als das Marktvolumen.
   b) Das Absatzvolumen ist i. d. R. größer als das Absatzpotenzial.
   c) Das Absatzvolumen gibt an, wie hoch der effektiv erzielte Umsatz eines Unternehmens auf einem Markt ist.
   d) Das Absatzvolumen sagt aus, wie hoch der Anteil eines Unternehmens am gesamten Absatz auf einem Markt ist.
   e) Das Absatzvolumen gibt an, wie hoch der Absatz ist, den ein Unternehmen effektiv auf einem Markt in einer bestimmten Periode erzielt hat.

2. Welche Formel ist für die Berechnung eines relativen Marktanteils nicht geeignet?
   a) (Eigenes Absatzvolumen : Absatzvolumen des größten Konkurrenten) · 100 %
   b) Eigener Marktanteil : Marktanteil des Marktführers
   c) (Eigener Marktanteil : Absatzvolumen des größten Konkurrenten) · 100 %
   d) (Eigener Marktanteil : Marktanteil des größten Konkurrenten) · 100 %
   e) (Eigenes Umsatzvolumen : Umsatzvolumen des größten Konkurrenten) · 100 %

3. Welche Kennzahl setzt das Marktvolumen ins Verhältnis zum Marktpotenzial?
   a) der Marktanteil
   b) das Markt-Absatz-Verhältnis
   c) der relative Marktanteil
   d) der Marktsättigungsgrad
   e) die Marktstruktur.

**4.** Kreuzen Sie an, welche Größe Sie in folgenden Branchen jeweils zur Ermittlung der Marktanteile heranziehen würden, wenn Sie jede Größe nur einmal zuordnen dürften.

| Größe | Brauerei-industrie | Wälzlager-hersteller | Fahrrad-hersteller | Strom-anbieter | Stahl-erzeugung |
|---|---|---|---|---|---|
| Absatz in Mio. Tonnen | | | | | |
| Umsatz in Mio. € | | | | | |
| Absatz in Tausend Stück | | | | | |
| Absatz in Mrd. kWh | | | | | |
| Ausstoß in Mio. hl | | | | | |

## 2. Fallsituation

Sie sind Mitarbeiter in der Marketingabteilung des Maschinenbauunternehmens „A" und sollen eine Marktanalyse erstellen. Hierbei liegt Ihnen folgende unvollständige Statistik über den Inlandsmarkt des gerade abgelaufenen Geschäftsjahres vor:

| Unternehmen | Absatz (Stück) | Umsatz (Mio. €) | Marktanteil (%) | Relativer Marktanteil |
|---|---|---|---|---|
| A | 12.300 | 1.320 | | |
| B | 28.200 | 3.285 | | |
| C | 21.400 | 5.846 | | |
| D | 17.200 | 2.234 | | |
| E | 13.900 | 2.052 | | |
| F | 5.600 | 987 | | |
| G | 12.800 | 1.802 | | |
| H | 6.700 | 1.119 | | |
| I | 4.500 | 890 | | |
| K | 18.900 | 2.681 | | |
| Sonstige | 19.300 | 2.965 | | |
| Summe | | | | |

Die Unternehmensleitung hat als strategisches Ziel eine Absatzsteigerung von ca. 20 % in den nächsten fünf Jahren vorgegeben.

**a)** Welche Spalte der Tabelle würden Sie als Basis für die Berechnung der Marktanteile heranziehen? Begründen Sie Ihre Entscheidung.

**b)** Ermitteln Sie das Marktvolumen in Stück und Euro.

**c)** Berechnen Sie jeweils den absoluten Marktanteil für die Unternehmen A, B und C.

**d)** Berechnen Sie den relativen Marktanteil für Ihr Unternehmen.

**e)** Wie hoch ist das Absatzpotenzial Ihres Unternehmens, wenn Sie davon ausgehen, dass Ihr Unternehmen bestenfalls 75 % des Absatzes des Marktführers erreichen könnte?

**f)** Die Studie eines renommierten Marktforschungsinstitutes hat ergeben, dass der inländische Markt (gemessen an den Absatzzahlen) momentan zu 90 % gesättigt ist und in den nächsten Jahren mit einem Marktwachstum von +/- 0 % zu rechnen ist. Ermitteln Sie das Marktpotenzial in Stück.

**g)** Welche Schlussfolgerungen könnten Sie für die zukünftige Marketingstrategie Ihres Unternehmens aus diesen Erkenntnissen des Marktforschungsinstitutes ziehen? Begründen Sie Ihre Antwort.

## Lösungen

# 1. Wissensfragen

## 1.1 Lernfragen

**1.**
Der absolute Marktanteil setzt den Umsatz bzw. Absatz eines Unternehmens ins Verhältnis zum gesamten Umsatz bzw. Absatz auf einem Markt. Der relative Marktanteil setzt den Umsatz bzw. Absatz eines Unternehmens ins Verhältnis zu dem des größten Konkurrenten.

**2.**
Das Marktvolumen beziffert den tatsächlichen, das Marktpotenzial den maximal möglichen Gesamtabsatz bzw. -umsatz auf einem Markt.

**3.**
Je höher der Sättigungsgrad eines Marktes ist, umso stärker ist die Nachfrage bereits gedeckt und umso weniger Potenzial ist noch für Absatzsteigerungen vorhanden.

## 1.2 Mehrfachauswahl

**1. e**

a) Das Absatzvolumen kann nicht größer sein als das Marktvolumen, da das Marktvolumen den Absatz aller Unternehmen umfasst.
b) Das Absatzvolumen kann auch nicht größer sein als das Absatzpotenzial, da das Absatzpotenzial den maximal möglichen Absatz darstellt.
c) Nicht Umsatz, sondern Absatz.
d) Volumen ist eine Menge und kein Anteil.

**2. c**

Man kann entweder die Marktanteile, die Absatzvolumina oder die Umsatzvolumina des eigenen Unternehmens und des größten Konkurrenten (bzw. Marktführers) zueinander ins Verhältnis setzen. Im Fall c) wird jedoch ein Marktanteil zu einem Absatzvolumen ins Verhältnis gesetzt.

**3. d**

**4.**

| Größe | Brauerei-industrie | Wälzlager-hersteller | Fahrrad-hersteller | Strom-anbieter | Stahl-erzeugung |
|---|---|---|---|---|---|
| Absatz in Mio. Tonnen | | | | | x |
| Umsatz in Mio. € | | x | | | |
| Absatz in Tausend Stück | | | x | | |
| Absatz in Mrd. kWh | | | | x | |
| Ausstoß in Mio. hl | x | | | | |

## 2. Fallsituation

| Unternehmen | Absatz (Stück) | Umsatz (Mio. €) | Marktanteil (%) | Relativer Marktanteil |
|---|---|---|---|---|
| A | 12.300 | 1.320 | 5,24 | 0,23 |
| B | 28.200 | 3.285 | 13,05 | 0,56 |
| C | 21.400 | 5.846 | 23,22 | 1,00 |
| D | 17.200 | 2.234 | 8,87 | 0,38 |
| E | 13.900 | 2.052 | 8,15 | 0,35 |
| F | 5.600 | 987 | 3,92 | 0,17 |
| G | 12.800 | 1.802 | 7,16 | 0,31 |
| H | 6.700 | 1.119 | 4,44 | 0,19 |
| I | 4.500 | 890 | 3,53 | 0,15 |
| K | 18.900 | 2.681 | 10,65 | 0,46 |
| Sonstige | 19.300 | 2.965 | 11,77 | 0,51 |
| Summe | **160.800** | **25.181** | 100,00 | |

**a)**

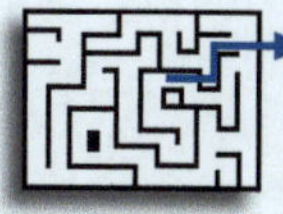

B

Für die Ermittlung der Marktanteile erscheint in diesem Fall der Umsatz geeigneter als der Absatz. Da es sich bei den Produkten (Maschinen) um heterogene Güter handelt, die sich preislich und technisch stark unterscheiden, sind die reinen Absatzzahlen der verschiedenen Anbieter kaum vergleichbar.

B

b)

Marktvolumen = 160.800 Stück bzw. 25.181 Mio. €

B

c)

Marktanteil A = (1.320 Mio. € : 25.181 Mio. €) · 100 % = 5,24 %
Marktanteil B = (3.285 Mio. € : 25.181 Mio. €) · 100 % = 13,05 %
Marktanteil C = (5.846 Mio. € : 25.181 Mio. €) · 100 % = 23,22 %

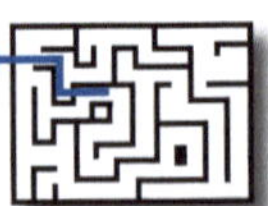
B

d)

Relativer Marktanteil A
= 5,24 % : 23,22 %

oder 1.320 Mio. € : 5.846 Mio. €
= 0,23 bzw. 23 %

B

e)

Absatzpotenzial A = 75 % von 21.400 Stück = 16.050 Stück

B

f)

Marktpotenzial = Marktvolumen : Sättigungsgrad = 160.800 Stück : 0,9 = 178.667 Stück

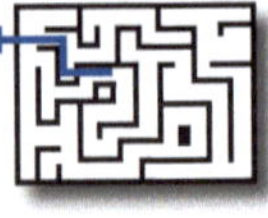
C

g)

Mögliche Schlussfolgerung: Da der inländische Markt bereits weitestgehend gesättigt und ein Marktwachstum im Inland in den nächsten Jahren nicht zu erwarten ist, wird sich die geplante Absatzsteigerung von 20 % über das Inlandsgeschäft kaum realisieren lassen. Es ist deshalb zu analysieren, ob eine Erschließung ungesättigter und stärker wachsender Auslandsmärkte in Betracht kommt.

# II. Marketingstrategien

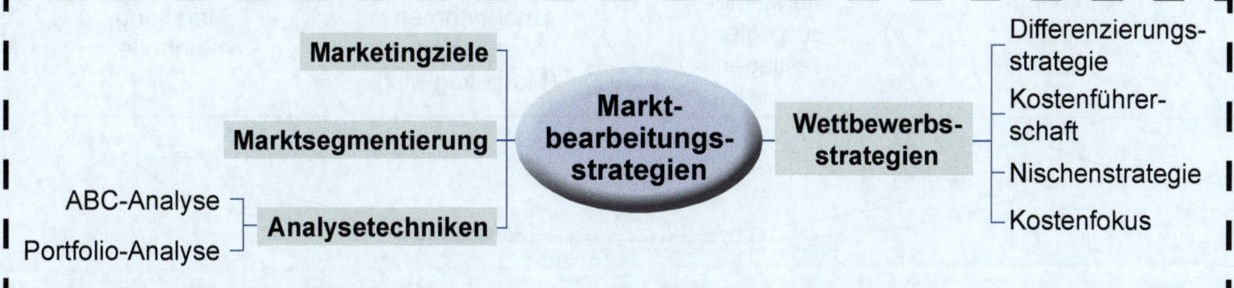


# 1. Strategieentwicklung

## Was muss ich für die Prüfung wissen?

### 1.1 Marketingkonzeption

Eine **Marketingkonzeption** ist ein in sich schlüssiger, ganzheitlicher Handlungsplan, der sich an angestrebten Zielen orientiert, für ihre Realisierung geeignete Strategien wählt und die zur Umsetzung notwendigen Marketinginstrumente festlegt.

## 1.2 Ablauf eines Marketingprozesses

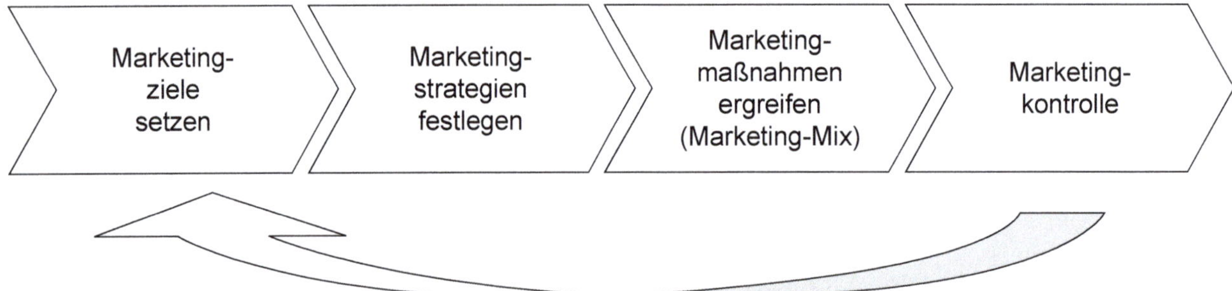


Ein Marketingprozess ist ein revolvierender (zurückdrehender) Prozess. Die Erreichung der ursprünglich gesetzten Ziele wird überprüft und die Ziele und Strategien werden ggf. angepasst.

## 1.3 Marketingziele

**Ökonomische Marketingzielgrößen**

- Absatz
- Umsatz
- Deckungsbeitrag
- Marktanteile
- etc.

**Außerökonomische Zielgrößen**

- Bekanntheitsgrad
- Image
- Kundenzufriedenheit
- Wiederkaufrate
- etc.

## 1.4 Marketingstrategie

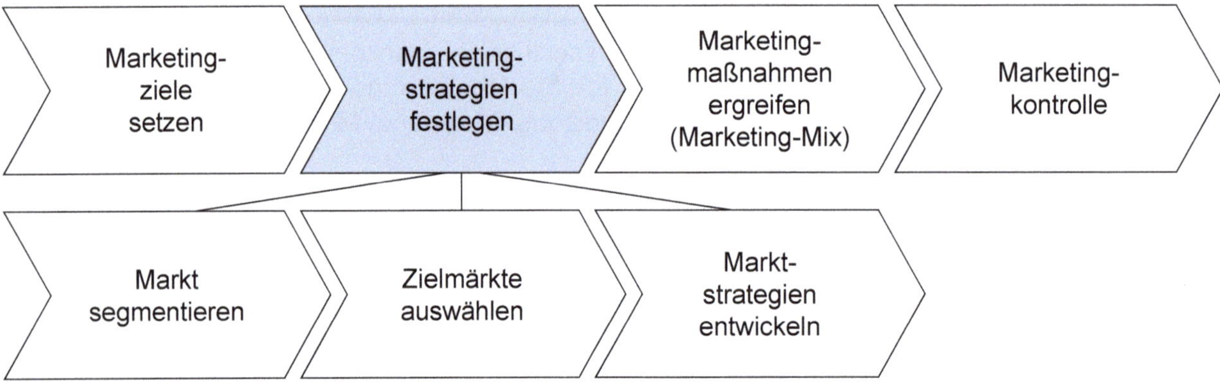


Um die für die Zielerreichung geeigneten Strategien zu bestimmen, müssen der Markt segmentiert, Zielmärkte ausgewählt und die dazu passenden Strategien entwickelt werden.

## 1.5 Marktsegmentierung

**In welche Teilmärkte lässt sich der Gesamtmarkt gliedern?**

In der Regel wird von einem Unternehmen nicht der gesamte Markt bearbeitet, sondern nur bestimmte Teilmärkte (z. B. Kundengruppen, Regionen etc.). Grundlage für jede Marketingstrategie ist deshalb eine Marktsegmentierung. Dabei wird der Gesamtmarkt nach bestimmten Kriterien in Teilbereiche (Segmente) eingeteilt.

Unter **Marktsegmentierung** versteht man die Aufteilung eines Marktes in klar abgegrenzte Untergruppen von Kunden, von denen jede als Zielgruppe der Absatzpolitik angesehen werden kann.

Unterschiedliche Marktsegmente können dann gezielt mit jeweils speziell auf sie ausgerichteten Strategien und Maßnahmen bearbeitet werden.

Eine Marktsegmentierung kann z. B. erfolgen nach

- Alter
- Geschlecht
- Einkommen
- Hobbys
- Region
- Sprache
- etc.

## 1.6 Auswahl von Zielmärkten

**Welche Marktsegmente möchten wir bearbeiten?**

Nachdem der Gesamtmarkt in unterschiedliche Teilmärkte zerlegt ist, muss entschieden werden, auf welche Marktsegmente man sich mit seinen Absatzanstrengungen konzentrieren möchte. Zu den strategischen Planungstechniken, die zur systematischen Entscheidungsfindung beitragen können, zählen u. a. die ABC-Analyse und die Portfolioanalyse (vgl. Kapitel II. 2).

## 1.7 Marktbearbeitungsstrategien

**In welchem Umfang soll der Markt bearbeitet werden?**

Hier geht es um die Frage, ob nur ein Marktsegment, einzelne Marktsegmente oder der gesamte Markt bearbeitet werden soll. Betrachtet man die möglichen Kombinationen von Teilmärkten (z. B. Kundengruppen, Regionen etc.) und Produkten, so ergeben sich folgende Varianten:

| Produkte/Märkte | Strategien |
|---|---|
| M1 M2 M3<br>P1 ■ ■ ■<br>P2 ■ ■ ■<br>P3 ■ ■ ■ | **Vollständige Marktbearbeitung**<br>Der gesamte Markt mit allen seinen Segmenten wird bearbeitet.<br>**Beispiel:** Ein Kfz-Hersteller bietet Pkws und Nutzfahrzeuge in allen verschiedenen Größenklassen an. |

|  |  |
|---|---|
| M1 M2 M3<br>P1<br>P2<br>P3 | **Produktspezialisierung**<br>Man spezialisiert sich auf eine bestimmte Produktart, bietet diese jedoch auf allen Märkten an.<br>**Beispiel:** Ein Unternehmen stellt nur Handys her, diese jedoch für alle möglichen Gruppen von Handynutzern (Jugendliche, Senioren, Geschäftsleute etc.). |
| M1 M2 M3<br>P1<br>P2<br>P3 | **Marktspezialisierung**<br>Man spezialisiert sich auf einen bestimmten Teilmarkt, möchte diesen jedoch mit verschiedenen Produkten möglichst vollständig abdecken.<br>**Beispiel:** Ein Modehersteller spezialisiert sich auf einkommensstarke Kunden, bietet diesen aber ein umfangreiches Sortiment an Produkten an (Hosen, Hemden, Schuhe etc.). |
| M1 M2 M3<br>P1<br>P2<br>P3 | **Selektive Spezialisierung**<br>Man versucht verschiedene Teilmärkte gezielt mit unterschiedlichen Produkten zu bearbeiten.<br>**Beispiel:** Ein Autohersteller bietet in den USA, Europa und Asien jeweils unterschiedliche Modelle an, die auf die Bedürfnisse der Kunden in den verschiedenen Regionen zugeschnitten sind. |
| M1 M2 M3<br>P1<br>P2<br>P3 | **Konzentration auf ein Segment**<br>Man bearbeitet bewusst nur einen bestimmten Teilmarkt, auf dem man sich den größten Markterfolg erhofft.<br>**Beispiel:** Ein Fahrradhersteller konzentriert sich nur noch auf Mountainbikes für Kunden mit hohem Qualitätsbewusstsein. |

## 1.8 Wettbewerbsstrategien

**Mithilfe welcher Strategie soll auf dem jeweiligen Markt ein Wettbewerbsvorteil erzielt werden?**

Die Unterscheidung in verschiedene Strategietypen erfolgt über den Wettbewerbsumfang und die Art des Wettbewerbsvorteils.

**Grundtypen von Wettbewerbsstrategien**

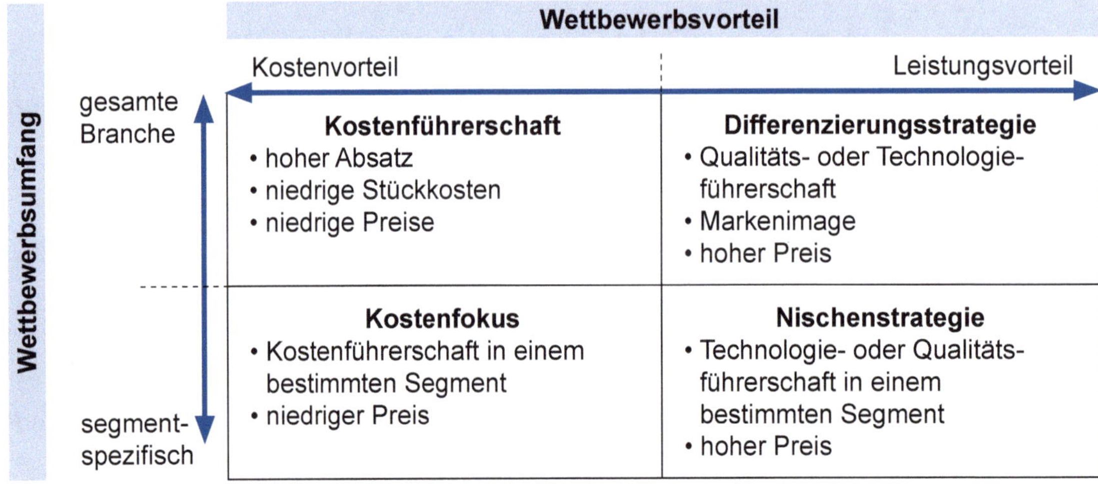

# Was erwartet mich in der Prüfung?

## 1. Das Lernlabyrinth

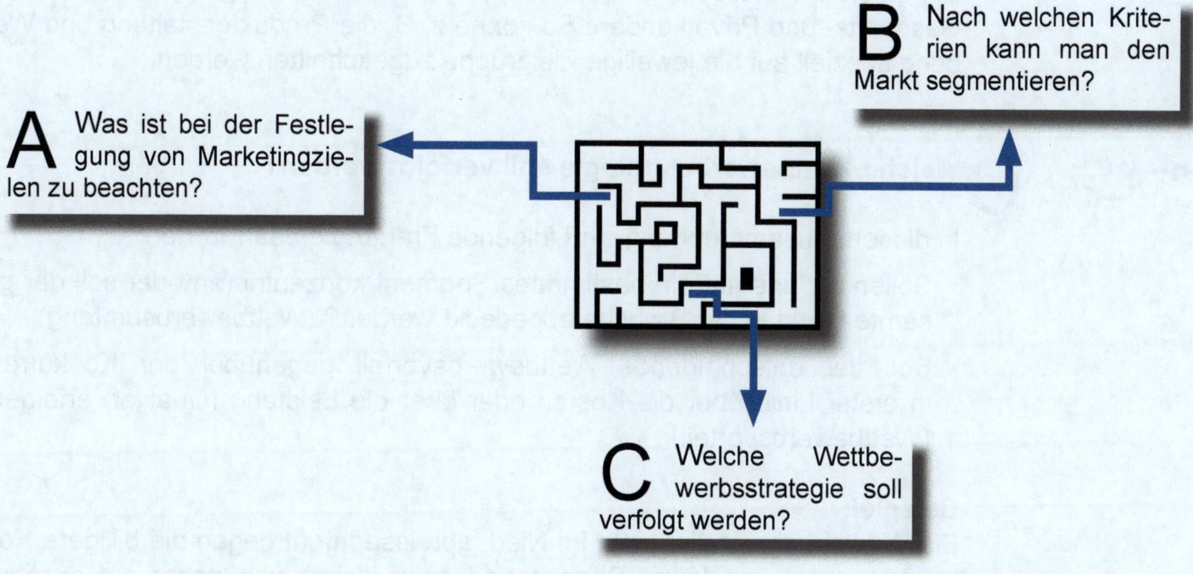


## 2. Wege aus dem Lernlabyrinth

### A Was ist bei der Festlegung von Marketingzielen zu beachten?

Die Marketingziele müssen im Einklang mit den Unternehmenszielen stehen.

**Beispiel:**
Der Vertrieb hat sich die Ausweitung des Marktanteils von 20 % auf 30 % zum Ziel gesetzt. Um dieses Ziel erreichen zu können, ist eine umfangreiche und kostenintensive Werbekampagne erforderlich. Das übergeordnete Unternehmensziel der Rentabilitätssteigerung könnte in Gefahr geraten, wenn der Werbeaufwand höher ist als die aus dem zusätzlichen Absatz resultierenden Überschüsse. Bevor der Vertrieb sich eine derartige Zielsetzung gibt, sollte daher geprüft werden, inwieweit diese zu realisieren ist, ohne dass die übergeordneten Unternehmensziele (z. B. Rentabilitätssteigerung) dadurch gefährdet werden.

Die verschiedenen Marketingziele müssen zusammenpassen.

**Beispiel:**
Der Aufbau eines exklusiven Markenimages lässt sich nur schwer mit dem Ziel einer extremen Absatzsteigerung verbinden.

## B Nach welchen Kriterien kann man den Markt segmentieren?

Die einzelnen Segmente sollen klar voneinander unterscheidbar (heterogen) und in sich jeweils möglichst ähnlich (homogen) sein.

**Beispiel:**
Ein Telefonhersteller segmentiert den Markt nach Altersgruppen sowie nach Geschäfts- und Privatkunden. So könne z. B. die Produktgestaltung und Werbung speziell auf die jeweilige Zielgruppe zugeschnitten werden.

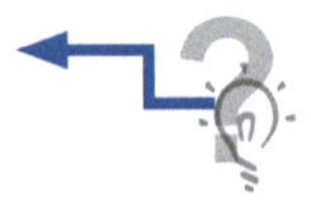

## C Welche Wettbewerbsstrategie soll verfolgt werden?

In diesem Zusammenhang sind folgende Fragen zu beantworten:

- Sollen wir uns auf ein bestimmtes Segment konzentrieren oder soll der gesamte Markt in der Branche abgedeckt werden? (Wettbewerbsumfang)
- Soll der entscheidende Wettbewerbsvorteil gegenüber der Konkurrenz in erster Linie über die Kosten oder über die Leistung (Qualität) erfolgen? (Wettbewerbsvorteil)

**Beispiel:**
Ein Werkzeughersteller sieht im Niedrigpreissegment gegen die billigere Konkurrenz aus Asien keine Chance und spezialisiert sich daher auf qualitativ hochwertige „High-End-Produkte“.

⇒ Wettbewerbsvorteil durch Qualität

Mit den teuren und hochwertigen Produkten konzentriert sich der Hersteller auf den Markt für gewerbliche Kunden.

⇒ Wettbewerbsumfang auf ein bestimmtes Marktsegment beschränkt

Aus dieser Kombination ergibt sich schließlich eine typische Nischenstrategie.

# So trainiere ich für die Prüfung

## Aufgaben

## 1. Wissensfragen

### 1.1 Lernfragen

**1.** Nennen Sie die drei Ebenen einer Marketing-Konzeption.

**2.** Geben Sie drei ökonomische Marketingzielgrößen an.

**3.** Geben Sie drei außerökonomische Marketingzielgrößen an.

**4.** Erklären Sie, was unter Marktsegmentierung zu verstehen ist.

**5.** Zählen Sie vier mögliche Segmentierungskriterien auf.

**6.** Nennen Sie drei mögliche Marktbearbeitungsstrategien.

**7.** Zählen Sie die vier möglichen Wettbewerbsstrategien auf.

### 1.2 Mehrfachauswahl

**1.** In welchem Fall liegt von der Marktbearbeitungsstrategie her eine Marktspezialisierung vor?

a) Ein Haushaltsgerätehersteller möchte mit seinen Waschmaschinen alle Qualitäts- und Preisklassen abdecken.

b) Ein Fahrradhersteller spezialisiert sich auf Rennräder.

c) Ein Küchenhersteller konzentriert sich auf den Gastronomiebedarf.

d) Ein Computerhersteller spezialisiert sich auf die Endmontage der Computer; alle dazu notwendigen Baugruppen und Teile werden von Lieferanten bezogen.

e) Ein Erfrischungsgetränkehersteller vertreibt seine Produkte ausschließlich über Getränkemärkte.

**2.** Wodurch ist eine Differenzierungsstrategie gekennzeichnet?

a) Innerhalb des eigenen Sortiments weisen die Produkte sehr starke Unterscheidungsmerkmale auf.

b) Das eigene Angebot ist nach unterschiedlichen Zielgruppen differenziert.

c) Die eigenen Produkte sollen sich durch niedrige Preise von der Konkurrenz abheben.

d) Die eigenen Produkte sollen sich durch einzigartige Leistungsmerkmale von den Konkurrenzprodukten abheben.

e) Das eigene Sortiment soll möglichst alle unterschiedlichen Preisklassen des Gesamtmarktes abdecken.

**3.** Welche der folgenden Maßnahmen passen zu einer Kostenführerschaftsstrategie?

a) Die Vertriebsleitung schließt Verträge mit Discountern ab, die eine hohe Abnahmemenge garantieren.

b) Durch intensive Werbung soll ein exklusives Markenimage aufgebaut werden.

c) Hohe Investitionen in Forschung und Entwicklung sollen einen technologischen Vorsprung sichern.

d) Durch niedrige Stückzahlen sollen die variablen Kosten in Summe gering gehalten werden.

e) Das Sortiment besteht aus Standardartikeln, die geringe Herstellkosten verursachen und zu niedrigen Preisen angeboten werden können.

f) Die Produktpalette ist auf eine kleine Zielgruppe zugeschnitten, für die der Preis keine Rolle spielt.

**4.** Bringen Sie folgende Schritte eines Marketingprozesses in die richtige Reihenfolge.

| Schritte | Reihenfolge (Ziffern 1 - 5) |
|---|---|
| a) Die Unternehmensleitung entscheidet sich in Absprache mit der Vertriebsleitung dafür, dass in den wachstumsstärksten Geschäftsfeldern eine Technologieführerschaft angestrebt wird. | |
| b) Die Unternehmensleitung gibt auf Basis der Marktforschungsergebnisse das Ziel vor, dass der eigene Marktanteil innerhalb des nächsten Geschäftsjahres um 10 % gesteigert werden soll. | |
| c) Die Marketingabteilung arbeitet an einer Werbekampagne, in der die fortschrittliche Technologie der Produkte in den Vordergrund gerückt wird. | |
| d) Ein Marktforschungsinstitut führt im Auftrag der Unternehmensleitung eine Analyse des Absatzmarktes durch. | |
| e) Die Marketingabteilung ermittelt mithilfe einer Portfolioanalyse, welche Geschäftsfelder die größten Wachstumschancen aufweisen. | |

# Lösungen

## 1. Wissensfragen

### 1.1 Lernfragen

**1.** Marketingziele, Marketingstrategie, Marketing-Mix (Marketingmaßnahmen)

**2.** z. B. Absatz, Umsatz, Deckungsbeitrag

**3.** Kundenzufriedenheit, Bekanntheitsgrad, Image

**4.** Unter Marktsegmentierung versteht man die Aufteilung eines Marktes in klar abgegrenzte Untergruppen von Kunden, von denen jede als Zielgruppe der Absatzpolitik angesehen werden kann.

**5.** z. B. Regionen, Alter, Geschlecht, Einkommen

**6.** z. B. vollständige Marktbearbeitung, Produktspezialisierung, Marktspezialisierung

**7.** Differenzierungsstrategie, Kostenführerschaft, Kostenfokus, Nischenstrategie

## 1.2 Mehrfachauswahl

**1. c**

Hier erfolgt eine Spezialisierung auf Gastronomiekunden. Andere Marktsegmente (z. B. Privathaushalte) werden nicht bearbeitet.

b) beschreibt eine Produktspezialisierung.

**2. d**

„Differenzierung" bedeutet in diesem Zusammenhang, dass man sich in der angebotenen Leistung (z. B. Qualität) von der Konkurrenz abheben möchte, um sich so einen Wettbewerbsvorteil zu sichern.

**3. a, e**

Die Kostenführerschaftsstrategie zielt darauf ab, dass durch hohe Absatzzahlen eine Fixkostendegression ermöglicht wird. Der Absatz wiederum soll durch das niedrige Preisniveau der Produkte gefördert werden.

**4.**

| Schritte | Reihenfolge (Ziffern 1 - 5) |
|---|---|
| a) Die Unternehmensleitung entscheidet sich in Absprache mit der Vertriebsleitung dafür, dass in den wachstumsstärksten Geschäftsfeldern eine Technologieführerschaft angestrebt wird. | **4** |
| b) Die Unternehmensleitung gibt auf Basis der Marktforschungsergebnisse das Ziel vor, dass der eigene Marktanteil innerhalb des nächsten Geschäftsjahres um 10 % gesteigert werden soll. | **2** |
| c) Die Marketingabteilung arbeitet an einer Werbekampagne, in der die fortschrittliche Technologie der Produkte in den Vordergrund gerückt wird. | **5** |
| d) Ein Marktforschungsinstitut führt im Auftrag der Unternehmensleitung eine Analyse des Absatzmarktes durch. | **1** |
| e) Die Marketingabteilung ermittelt mithilfe einer Portfolioanalyse, welche Geschäftsfelder die größten Wachstumschancen aufweisen. | **3** |

# 2. Analysetechniken

## Was muss ich für die Prüfung wissen?

### 2.1 ABC-Analyse

Mithilfe der ABC-Analyse lassen sich beispielsweise Produkte, Kunden oder Regionen nach ihrer Wichtigkeit für den Unternehmenserfolg analysieren.

**A-Kunden:** Sie haben den größten Anteil am Umsatz, machen aber nur einen kleinen Teil der Gesamtkundenzahl aus.

**B-Kunden:** Sie haben einen mittleren Anteil am Umsatz und der Gesamtkundenzahl.

**C-Kunden:** Sie haben einen hohen Anteil an der Gesamtkundenzahl, jedoch nur einen geringen Anteil am gesamten Umsatz.

### 2.2 Portfolioanalyse

Unter **Portfolio** versteht man im Marketing die verschiedenen Produkte, Produktgruppen oder Dienstleistungen, die ein Unternehmen anbietet. In großen Unternehmen, die eine Vielzahl verschiedener Produkte bzw. Dienstleistungen anbieten, erfolgt i. d. R. eine Zusammenfassung zu Geschäftsfeldern, die insbesondere bei der Spartenorganisation auch organisatorische Einheiten (Sektoren, Divisions, Geschäftsbereiche, Geschäftsgebiete, Geschäftszweige etc.) bilden.

Die **Portfolioanalyse** ordnet Geschäftsfelder (z. B. Produktgruppen, Sparten) oder Produkte in eine sogenannte „Vier-Felder-Matrix“ ein. Hierbei stellen das Marktwachstum und der Marktanteil die entscheidenden Kriterien dar. Für jedes der vier Felder existiert eine Normstrategie, die dann für die einzelnen Geschäftsfelder bzw. Produkte angewendet werden kann.

Für die Analyse und strategische Planung des Produktportfolios stehen sogenannte Portfoliotechniken zur Verfügung. Dabei werden meist verschiedene Kriterien (i. d. R. Marktwachstum und Marktanteil) in Form einer Matrix dargestellt, mithilfe derer die Marktsituation und -perspektive von Produkten oder Geschäftsfeldern verdeutlicht werden kann.

## Vier-Felder-Matrix

Marktwachstum (%)

| Marktwachstum | Marktanteil niedrig | Marktanteil hoch |
|---|---|---|
| hoch | **Question Marks**<br>• junge, unausgereifte Produkte<br>• hoher Investitionsbedarf<br>• geringer Bekanntheitsgrad<br>⇒ Strategie: selektiv fördern | **Stars**<br>• junge Produkte<br>• hoher Investitionsbedarf<br>• hoher Bekanntheitsgrad<br>• hohe und steigende Nachfrage<br>⇒ Strategie: fördern und investieren |
| niedrig | **Poor Dogs**<br>• alte Produkte<br>• geringe Beliebtheit<br>• geringe Nachfrage<br>⇒ Strategie: wiederbeleben oder eliminieren | **Cash Cows**<br>• ausgereifte Produkte<br>• hohe und stabile Nachfrage<br>• geringer Investitionsbedarf<br>• hoher Liquiditätsüberschuss<br>⇒ Strategie: halten und abschöpfen |

Marktanteil

# Was erwartet mich in der Prüfung?

## 1. Das Lernlabyrinth

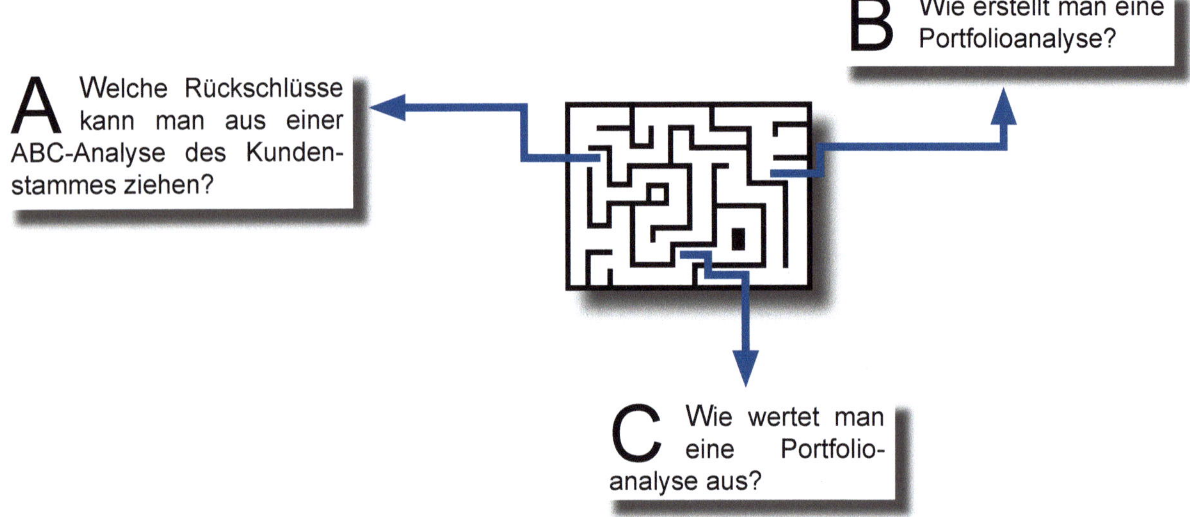


## 2. Wege aus dem Lernlabyrinth

### A Welche Rückschlüsse kann man aus einer ABC-Analyse des Kundenstamms ziehen?

Die Vorgehensweise bei der Erstellung einer ABC-Analyse im Marketing erfolgt analog zur ABC-Analyse in der Beschaffung (vgl. Trainingsmodul GP 2: Beschaffungsprozesse).

**Beispiel: ABC-Analyse des Kundenbestands**

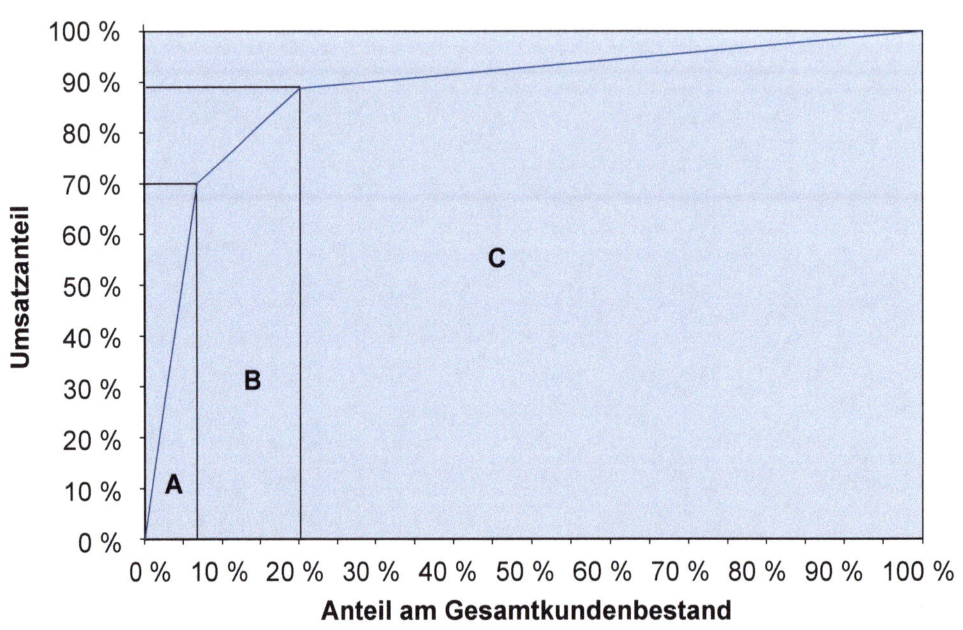

Systematische Auswertung der ABC-Analyse:

| Kunden-gruppe | Merkmale | Schlussfolgerungen für die Absatz-bemühungen |
|---|---|---|
| **A-Kunden** | • hoher Umsatzanteil<br>• geringe Kundenanzahl | • besondere Betreuung (z. B. durch Key Account Manager)<br>• häufigerer Besuch durch Außen-dienstmitarbeiter; persönliche Kontakte<br>• besondere Preisvorteile und Kondi-tionen (z. B. Rabatte, Skonto)<br>• gezielte und intensive Umwerbung<br>• Kulanz (z. B. bei Reparaturen) |
| **B-Kunden** | • mittlerer Umsatzanteil<br>• mittlere Kundenanzahl | • keine pauschale Schlussfolgerung sinnvoll |
| **C-Kunden** | • geringer Umsatzanteil<br>• hohe Kundenanzahl | • standardisierte Auftragsabwicklung<br>• Standardpreise und -konditionen (z. B. AGBs)<br>• weniger persönliche Kontakte |

## B Wie erstellt man eine Portfolioanalyse?

**Beispiel:**

Das Sortiment eines Unternehmens besteht aus sechs Produktgruppen (P1 - P6). Die einzelnen Produktgruppen werden gemäß ihres Marktwachstums und ihres relativen Marktanteils in die Matrix eingezeichnet. Der Durchmesser der Kreise symbolisiert dabei den Umsatz der jeweiligen Produktgruppe.

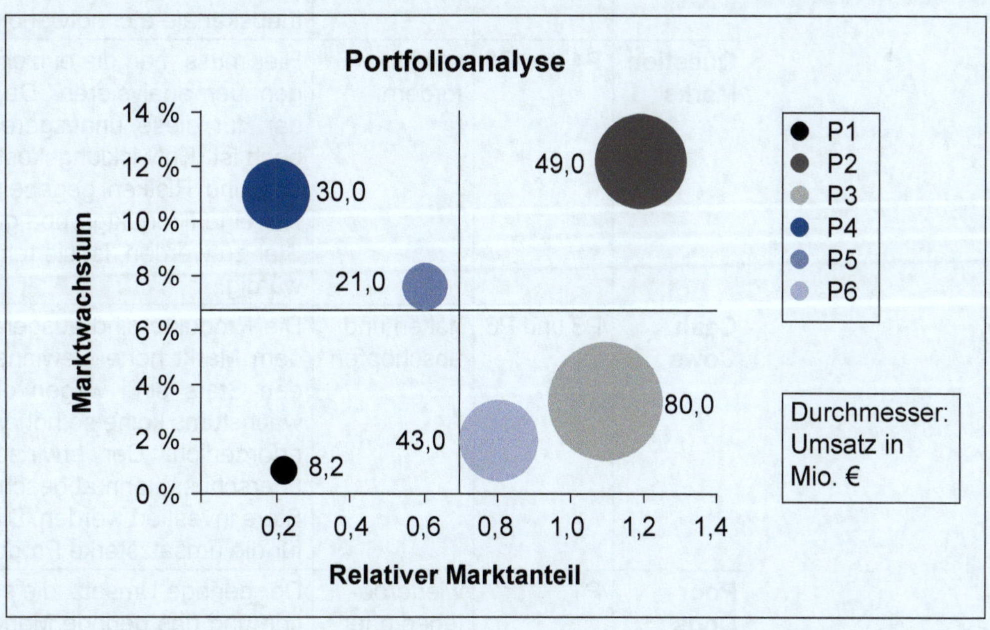


Als Marktanteil kann sowohl der absolute als auch der relative Marktanteil her-angezogen werden.

In der Praxis können Tabellenkalkulationsprogramme (z. B. Excel) zur Erstellung derartiger Diagramme herangezogen werden.

## C Wie wertet man eine Portfolioanalyse aus?

### 1. Zuordnung zu einem Quadranten

**Beispiel:**
Die einzelnen Produktgruppen werden je nach Lage in der Matrix einem bestimmten Quadranten zugeordnet.
⇒ **Stars:** P2
⇒ **Cash Cows:** P3 und P6
⇒ **Question Marks:** P4 und P5
⇒ **Poor Dog:** P1.

### 2. Ableitung der Strategie

**Beispiel:**
Für jede Produktgruppe wird eine strategische Stoßrichtung abgeleitet, die vom jeweiligen Quadranten abhängig ist.

| Quadrant | Produktgruppen | Strategie | Erläuterung |
|---|---|---|---|
| **Stars** | P2 | fördern und investieren | Hier handelt es sich um zukunftsträchtige Produkte mit starkem Wachstum und einer hohen Wettbewerbsfähigkeit. Um mit dem Marktwachstum Schritt halten zu können, sind Investitionen in Produktionskapazitäten, Vertriebskanäle etc. notwendig. |
| **Question Marks** | P4 und P5 | selektiv fördern | Hier muss man die einzelnen Produktgruppen genauer analysieren. Da der Investitionsbedarf für diese unausgereiften Produkte sehr hoch ist (Entwicklungskosten etc.), sind Chancen und Risiken gegeneinander abzuwägen. Hat eine Produktgruppe gute Aussichten, zum Star zu werden, ist sie tendenziell förderungswürdig. |
| **Cash Cows** | P3 und P6 | halten und abschöpfen | Die Produkte sind ausgereift und erzielen auf dem Markt hohe Gewinne. Im Gegensatz zu den Stars sind wegen des geringen Marktwachstums keine so hohen Investitionen mehr erforderlich. Der erwirtschaftete Liquiditätsüberschuss kann abgeschöpft und z. B. in die Stars investiert werden. Dies gilt insbesondere für die umsatzstarke Produktgruppe P3. |
| **Poor Dogs** | P1 | wiederbeleben oder eliminieren | Der geringe Umsatz, die schwache Marktposition und das geringe Marktwachstum machen diese Produktgruppe zu einem Sorgenkind. Wenn nicht mithilfe einer neuen Idee eine „Wiederbelebung" des Geschäfts erfolgen kann, muss ernsthaft über eine Eliminierung dieser Produktgruppe nachgedacht werden. |

**Achsenrichtung beachten.** In manchen Darstellungen (z. B. in der Matrix der Boston Consulting Group) verläuft die X-Achse von rechts nach links. Die Felder (Stars, Cash Cows etc.) verschieben sich dann entsprechend.

**Folgen einer Eliminierung berücksichtigen!** Die Eliminierung von Geschäftsfeldern ist oft mit Betriebsschließungen und Entlassungen verbunden. Die negativen sozialen Auswirkungen und der damit verbundene Imageverlust für das Unternehmen können enorm sein. Bevor ein Betrieb geschlossen wird, sollte daher geprüft werden, ob evtl. durch den Verkauf des Geschäftsfeldes oder die Gründung eines Joint Ventures Arbeitsplätze erhalten werden können.

# So trainiere ich für die Prüfung

## Aufgaben

## 1. Wissensfragen

### 1.1 Lernfragen

1. Erläutern Sie, inwieweit eine ABC-Analyse bei der Wahl von Zielmärkten nützlich sein kann.
2. Nennen Sie die vier Felder einer Portfolioanalyse.
3. Welche Achsen hat das Diagramm zur Vier-Felder-Matrix eines Geschäftsfeldportfolios?
4. Begründen Sie, warum bei den sogenannten „Cash Cows" in der Regel die Strategie „halten und abschöpfen" empfohlen wird.

### 1.2 Mehrfachauswahl

1. Welche Aussage zur ABC-Analyse des Kundenstamms ist sinnvoll?
   a) A-Kunden sind Kunden mit einem hohen wertmäßigen Lagerbestand.
   b) Die Vertriebsanstrengungen sollten sich vor allem auf die C-Kunden konzentrieren, da diese einen Großteil der Kundenzahl ausmachen.
   c) Die Vertriebsanstrengungen sollten sich vor allem auf die C-Kunden konzentrieren, da diese ein höheres Auftragsvolumen aufweisen als A- oder B-Kunden.
   d) A-Kunden sollten die meiste Aufmerksamkeit der Vertriebsmitarbeiter erhalten, da sie sich gegenüber den C- und B-Kunden in der Überzahl befinden.
   e) Die Außendienstmitarbeiter sollten zu den A-Kunden einen intensiveren Kontakt pflegen als zu den C-Kunden, da die A-Kunden die umsatzstärkeren Kunden sind.

2. Ordnen Sie folgende Merkmale jeweils der passenden Kategorie im Produktportfolio zu.

| Merkmale | Cash Cow | Star | Question Mark | Poor Dog |
|---|---|---|---|---|
| a) geringer Marktanteil, hohes Marktwachstum | | | | |
| b) hohes Marktwachstum, hoher Investitionsbedarf | | | | |
| c) geringes Marktwachstum, geringer Marktanteil | | | | |
| d) hoher Marktanteil, Liquiditätsüberschuss | | | | |

**3.** Welche der folgenden Eigenschaften passen gemäß einer Portfolioanalyse zu den „Stars“?

a) relativ neue Produkte
b) geringer Investitionsbedarf
c) ausgereifte Produkte
d) geringes Marktwachstum
e) geringer Marktanteil
f) hohe Liquiditätsüberschüsse
g) hoher Investitionsbedarf
h) hohes Marktwachstum.

## 2. Fallsituation

Sie arbeiten in der Marketingabteilung der Knecht GmbH. Die Knecht GmbH ist ein mittelständischer Industriebetrieb, der ausschließlich im Inland produziert und verkauft. Eine Ausweitung der Produktions- und Vertriebsaktivitäten ins Ausland kommt für die Unternehmensleitung auf absehbare Zeit nicht infrage, da hierfür die finanziellen Mittel fehlen. Die Unternehmensleitung hat als übergeordnetes Ziel eine jährliche Steigerung des operativen Ergebnisses um 10 % vorgegeben. Sie sollen im Rahmen der strategischen Marketingplanung eine Strategie entwickeln, die zum Erreichen des Unternehmensziels beiträgt. Ihnen liegen in diesem Zusammenhang die Marktanalyse eines Marktforschungsunternehmens, eine Portfolioanalyse sowie Daten aus der internen Ergebnisrechnung vor (siehe Seite 52 f.).

**a)** In einer Teamsitzung der Marketingabteilung macht Ihr Chef den Vorschlag, dass für das nächste Geschäftsjahr eine Umsatzsteigerung von 10 % angestrebt werden sollte. Begründen Sie, warum der Umsatz als alleinige Zielgröße zur Beurteilung des Marketingerfolgs hier nicht ausreicht.

**b)** Ein Kollege regt in der Teamsitzung an, dass die Knecht GmbH insbesondere im Bereich der Kettensägen verstärkte Marketingaktivitäten starten sollte, um dort den Marktanteil und die Profitabilität steigern zu können. Nehmen Sie kritisch Stellung zu diesem Vorschlag.

**c)** Die Marketingleiterin stellt zur Diskussion, ob zukünftig eine Spezialisierung auf die Sparte „Gartengeräte“ erfolgen sollte. Führen Sie vier Argumente an, die diesen Vorschlag stützen, und erläutern Sie Ihre Argumentation.

**d)** Führen Sie zwei Argumente an, die gegen eine Eliminierung der Sparten „Kettensägen“ und „Elektrowerkzeuge“ sprechen.

**e)** Die Unternehmensleitung hat sich in Absprache mit der Marketingleitung dafür entschieden, sich zukünftig auf die Sparte „Gartengeräte“ zu konzentrieren und den Marktanteil dort weiter auszubauen. Entwickeln Sie eine Wettbewerbsstrategie für diese Produktgruppe und erläutern Sie diese.

## Ergebnisse der Marktanalyse

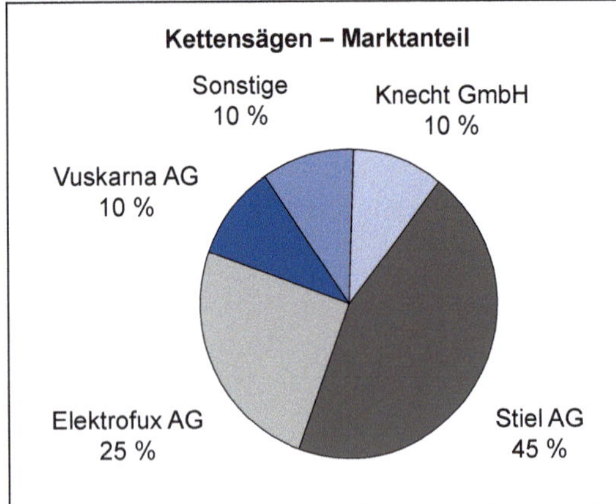


Die Stiel AG ist Marktführer und hat einen sehr hohen Bekanntheitsgrad. Sie deckt mit ihren qualitativ hochwertigen Produkten insbesondere den Bedarf an Profigeräten für die Forstwirtschaft ab. Die Elektrofux AG hingegen bedient in erster Linie den Niedrigpreissektor für Baumärkte und Discounter. Die Elektrofux AG lässt kostengünstig in osteuropäischen Niedriglohnländern produzieren. Die Vuskarna AG ist ein ausländischer Anbieter, der in Konkurrenz zur Stiel AG tritt und seinen Marktanteil mit einer intensiven Werbekampagne weiter ausbauen möchte. Die Knecht GmbH produziert hochwertige Kettensägen für die Forstwirtschaft und Handwerker.

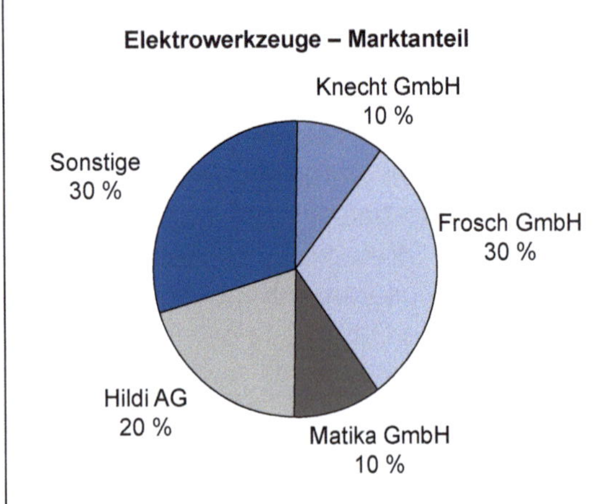


Die Frosch GmbH gilt unter Heimwerkern wegen ihrer Qualität mit Abstand als die beliebteste Marke. Frosch-Werkzeuge sind sowohl in nahezu allen bekannten Baumarktketten als auch im Fachhandel erhältlich. Die Hildi AG und die Matika GmbH vertreiben ihre Profiwerkzeuge ausschließlich über spezialisierte Fachhändler. Hildi ist Marktführer bei den gewerblichen Kunden. Daneben überschwemmen immer mehr Billiganbieter aus Osteuropa und China mit ihren Produkten vor allem über Baumärkte und Discounter den Markt. Die Knecht GmbH, die den gehobenen Heimwerkerbedarf bedient, kann mit den niedrigen Preisen der Billiganbieter nicht mithalten, da die Arbeitskosten im Inland hierfür zu hoch sind.

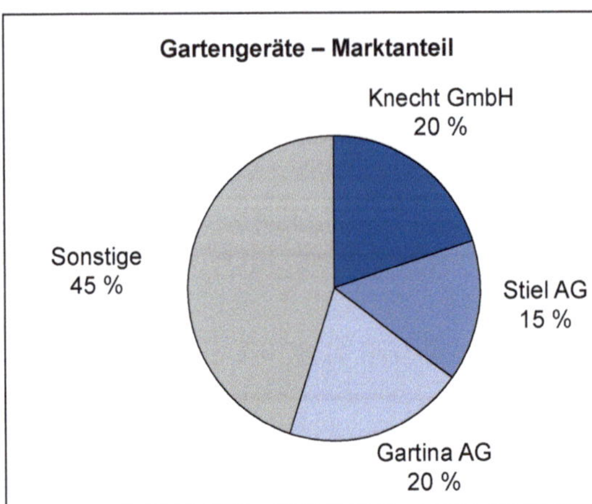


Der Markt für Gartengeräte umfasst u. a. Rasenmäher, Heckenscheren, Motorsensen etc. Die Stiel AG ist in erster Linie auf professionelle Gärtner und Landschaftspfleger spezialisiert, hat hier jedoch nicht die Dominanz wie bei den Kettensägen. „Gartina“ und „Knecht“ sind hingegen die bekanntesten Marken im Bereich der Hobbygärtner. Eine Vielzahl von Billiganbietern konkurriert im Niedrigpreissegment um Kundschaft. Marktprognosen sagen jedoch voraus, dass ein wachsendes Qualitätsbewusstein im Bereich der Hobbygärtner in den nächsten Jahren eine stark wachsende Nachfrage nach hochwertigen Gartengeräten hervorrufen wird.

**Eine Portfolioanalyse der verschiedenen Produktgruppen der Knecht GmbH führt zu folgendem Ergebnis:**

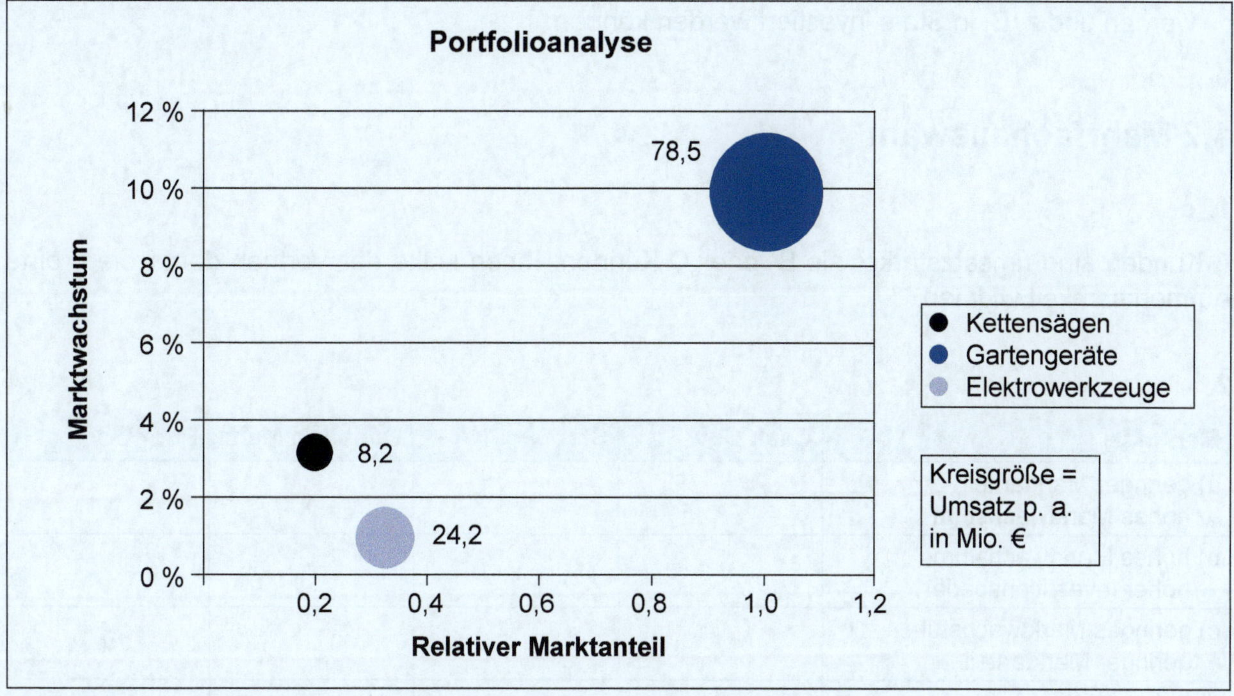


Aus der internen Ergebnisrechnung der Knecht GmbH stehen für das letzte Geschäftsjahr folgende Daten zur Verfügung:

| Produktgruppe | Umsatz | Operatives Ergebnis |
|---|---|---|
| Kettensägen | 8,2 Mio. € | - 0,2 Mio. € |
| Gartengeräte | 78,5 Mio. € | 15,4 Mio. € |
| Elektrowerkzeuge | 24,2 Mio. € | 0,8 Mio. € |

## Lösungen

# 1. Wissensfragen

## 1.1 Lernfragen

**1.** Eine ABC-Analyse kann helfen, die Zielmärkte herauszufiltern, auf denen die größten Erfolgsaussichten bestehen (A-Kunden). Auf diese Kundengruppen bzw. Regionen etc. kann man seine Absatzanstrengungen konzentrieren.

**2.** Poor Dogs, Question Marks, Cash Cows, Stars

**3.** X-Achse: (relativer oder absoluter) Marktanteil
Y-Achse: Marktwachstum

**4.** Da es sich bei den Cash Cows um ausgereifte, beliebte und erfolgreiche Produkte handelt, können hohe Erträge erzielt werden. Andererseits sind aufgrund des geringen Marktwachstums keine hohen Investitionen mehr erforderlich, sodass die Liquiditätsüberschüsse abgeschöpft werden und z. B. in Stars investiert werden können.

## 1.2 Mehrfachauswahl

**1. e**

A-Kunden sind umsatzstärker als B- oder C-Kunden. Ihnen sollte der Vertrieb daher die größte Aufmerksamkeit widmen.

**2.**

| Merkmale | Cash Cow | Star | Question Mark | Poor Dog |
|---|---|---|---|---|
| a) geringer Marktanteil, hohes Marktwachstum | | | x | |
| b) hohes Marktwachstum, hoher Investitionsbedarf | | x | | |
| c) geringes Marktwachstum, geringer Marktanteil | | | | x |
| d) hoher Marktanteil, Liquiditätsüberschuss | x | | | |

**3. a, g, h**

Bei den Stars handelt es sich um junge Produkte mit einem hohen Marktanteil auf einem wachstumsstarken Markt. Sie weisen wegen ihrer Unausgereiftheit und dem starken Wachstum einen hohen Investitionsbedarf auf.

# 2. Fallsituation

**a)**

Eine Umsatzsteigerung von 10 % kann nicht gewährleisten, dass dadurch auch das übergeordnete Unternehmensziel einer 10%igen Ergebnissteigerung erreicht wird. Wie aus der internen Ergebnisrechnung zu ersehen ist, wurden im Bereich der Kettensägen und Elektrowerkzeuge negative bzw. sehr geringe Ergebnismargen erzielt. Eine Umsatzsteigerung bei den Kettensägen hätte demnach voraussichtlich kaum positiven Einfluss auf das Ergebnis.

Bei den Gartengeräten hingegen ist die Ergebnismarge wesentlich höher. Es ist also sinnvoll, dass bei der Festlegung der Marketingziele auch die Ergebnismarge der Produktgruppen berücksichtigt wird. Demnach sollte eine Steigerung des Umsatzes in den ergebnisstarken Produktgruppen (zzt. Gartengeräte) angestrebt werden.

**b)**

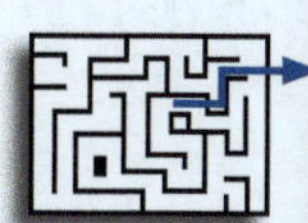

C

Die vorliegenden Informationen sprechen eher gegen diesen Vorschlag. Auf dem Markt für Kettensägen hat die Knecht GmbH mit ihren hochwertigen Produkten mit dem Marktführer Stiel AG einen „übermächtigen“ Konkurrenten, dem nur schwer Marktanteile abzunehmen sind. Ferner wird die Konkurrenz im Segment der hochwertigen Kettensägen durch die Vuskarna AG in den nächsten Jahren noch weiter zunehmen.

Ein Ausweichen in das Niedrigpreissegment ist kaum möglich, da die Arbeitskosten im Inland zu hoch sind und eine Produktionsverlagerung ins Ausland nicht in Betracht kommt. Die Chancen, den Marktanteil ausweiten und dadurch die Rentabilität steigern zu können, sind daher bei den Kettensägen sehr gering. Es ist sogar zu befürchten, dass die verstärkten Marketingaktivitäten „verpuffen“ und die dadurch entstehenden Kosten das Ergebnis noch weiter verschlechtern könnten.

**c)**

C

Argumente für eine Produktspezialisierung auf Gartengeräte:

- das hohe Marktwachstum (siehe Portfolioanalyse)
- der hohe relative Marktanteil (siehe Portfolioanalyse)
- der hohe Umsatz (siehe interne Statistik und Portfolioanalyse)
- die hohe Ergebnismarge (siehe interne Statistik).

Die schwierige Situation auf dem Markt für Kettensägen wurde bereits in b) geschildert. Ähnlich sieht es bei den Elektrowerkzeugen aus: Bei den Qualitätsprodukten haben Frosch (Heimwerker) und Hildi (gewerbliche Kunden) eine gefestigte Führungsposition. Im Niedrigpreissegment, wo immer mehr ausländische Billiganbieter auf den Markt drängen, ist die Knecht GmbH unter Kostengesichtspunkten chancenlos.

Dies alles deutet darauf hin, dass es sich bei der Sparte „Gartengeräte“ um „Stars“ handelt, die gefördert und weiter ausgebaut werden sollten. Die Sparten „Elektrowerkzeuge“ und „Kettensägen“ stellen eher „Poor Dogs“ dar. Dort sind die Wachstums- und Ergebnisaussichten für die Knecht GmbH so gering, dass man eine Eliminierung ernsthaft in Betracht ziehen kann.

**d)**

C

Argumente gegen eine Eliminierung der Sparten „Kettensägen“ und „Elektrowerkzeuge“:

- Die Marktsituation in den einzelnen Sparten könnte sich längerfristig ändern.
- Wenn nur noch eine Sparte übrig bleibt, ist eine Risikostreuung nicht mehr möglich. Der Unternehmenserfolg ist dann von einer einzigen Produktgruppe abhängig.

**e)**

**Vorschlag:** Differenzierungsstrategie

Da der Niedrigpreisbereich durch eine starke Konkurrenz von Billiganbietern gekennzeichnet ist, ist es für die Knecht GmbH mit ihren höheren Arbeitskosten wenig sinnvoll, in diesem Segment aktiv zu werden. Aufgrund der Hochwertigkeit ihrer Produkte und ihres hohen relativen Marktanteils könnte sich die Knecht GmbH hingegen zu einem Qualitätsführer entwickeln. Dafür spricht auch die Prognose, dass der Bedarf an hochwertigen Gartengeräten für Hobbygärtner steigen wird. Das Segment der Profigärtner und -landschaftspfleger könnte bei entsprechend hoher Qualität mitbearbeitet werden.

(**Hinweis:** Andere schlüssige Strategievarianten sind nicht ausgeschlossen.)

# III. Marketing-Mix

**Mithilfe welcher Maßnahmen lässt sich die Marketingstrategie umsetzen?**

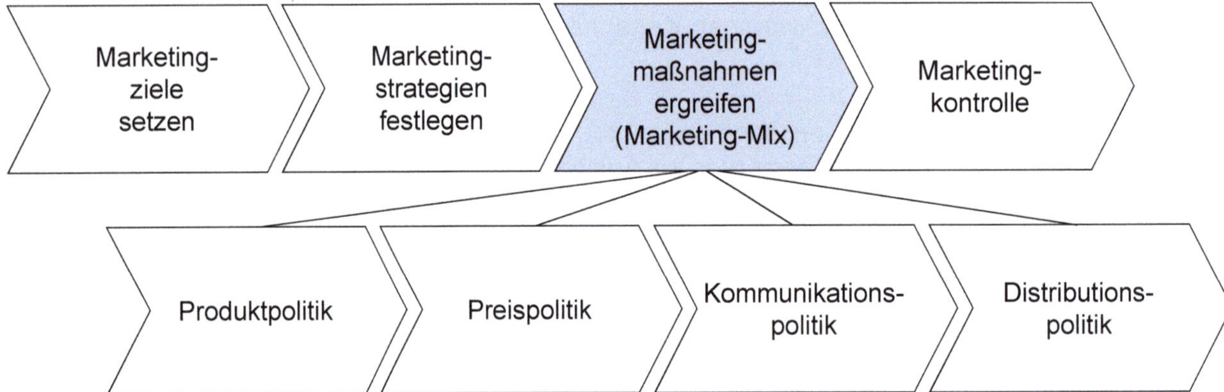


Für die Umsetzung der jeweiligen Marketingstrategie stehen verschiedene Werkzeuge aus den Bereichen der Produkt-, Preis-, Kommunikations- und Distributionspolitik zur Verfügung.

**Die „4 P" des Marketing-Mix**

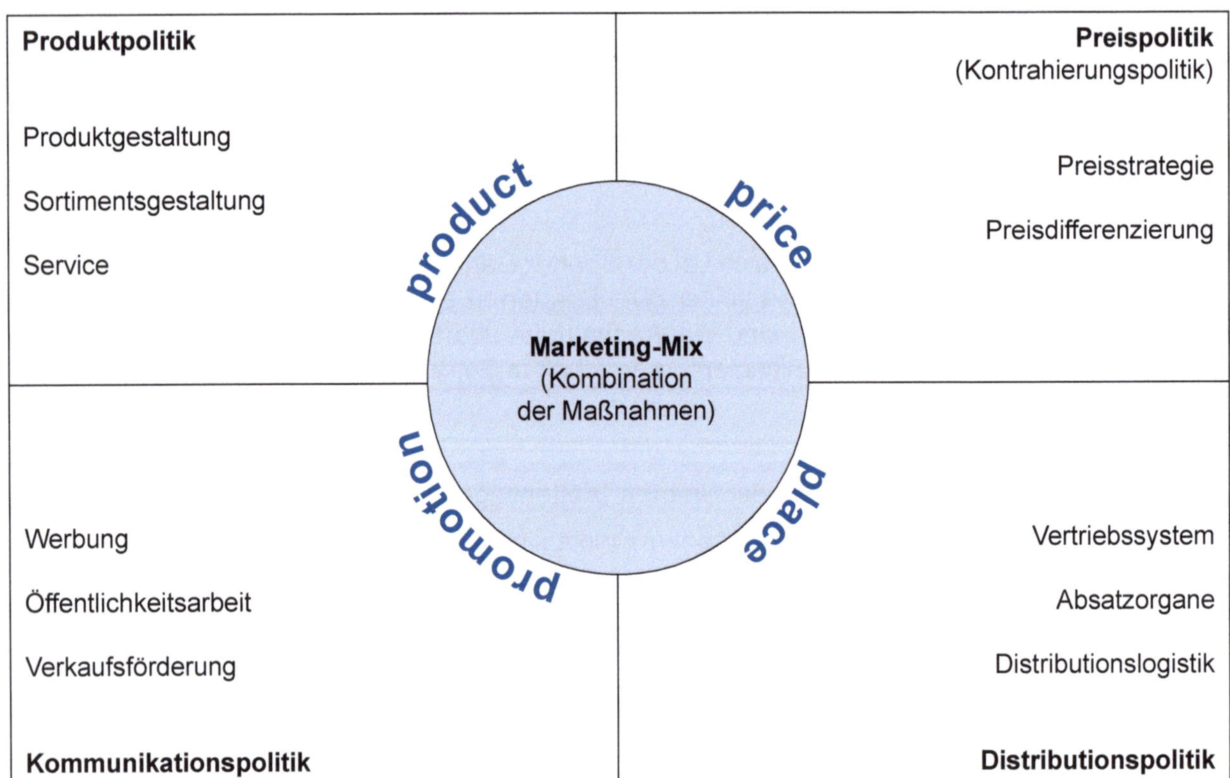

Die verschiedenen Marketingmaßnahmen müssen aufeinander abgestimmt sein und zur Marketingstrategie passen.

Wer z. B. eine Qualitätsführerschaft (Differenzierungsstrategie) anstrebt, muss

- durch produktpolitische Maßnahmen hochwertige Produkte anbieten können
- das Preisniveau den Qualitätsansprüchen anpassen
- durch kommunikationspolitische Maßnahmen (z. B. Werbung) den Qualitätsanspruch hervorheben
- solche Vertriebskanäle wählen, die einem hohen Qualitätsniveau gerecht werden können (z. B. Fachhandel).

# 1. Produktpolitik

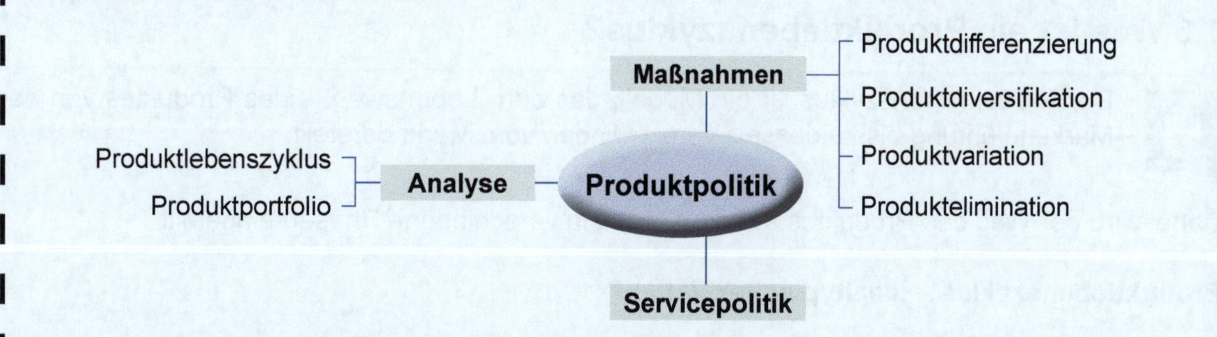


## Was muss ich für die Prüfung wissen?

### 1.1 Grundlagen der Produktpolitik

Die Entscheidungen über das Leistungsangebot (Produkte) eines Betriebes werden als Produktpolitik bezeichnet.

Produktpolitische Maßnahmen können sich beziehen auf

- die Funktionalität des Produktes (Leistung, Lebensdauer, Störanfälligkeit etc.)
- das Produktäußere (Form, Design, Farbe, Verpackung etc.)
- den Service (Versand, Garantie, Instandhaltung etc.).

Zwischen der Produkt- und der Preispolitik besteht ein enger Zusammenhang, denn bereits in der Entwicklungsphase werden die späteren Material- und Produktionskosten entscheidend vorbestimmt (design to cost). Auch die Erfordernisse, die mit der Schaffung eines Markenimage verbunden sind, müssen im Rahmen der Produktpolitik frühzeitig berücksichtigt werden (Unverwechselbarkeit des Produktes durch Qualität, Design etc.). Um die eigenen Produkte vor unerwünschter Nachahmung Dritter zu schützen, kann von gewerblichen Schutzrechten Gebrauch gemacht werden (Patent, Gebrauchsmuster, Geschmacksmuster, Markenschutz).

Die Produktpolitik im weiteren Sinne umfasst auch die Sortimentspolitik.

## 1.2 Sortimentspolitik

Die Entscheidung über die Palette der von einem Unternehmen angebotenen Erzeugnisse bezeichnet man als Sortimentspolitik.

Im Gegensatz zur reinen Produktpolitik befasst sich die Sortimentspolitik nicht mit den speziellen Eigenschaften der einzelnen Produkte, sondern mit der gesamten Angebotsstruktur. Der Umfang eines Sortiments ergibt sich aus Breite und Tiefe.

Die **Sortimentsbreite** wird bestimmt durch die Anzahl der verschiedenartigen Produkte im Sortiment (viele Produktarten = breites Sortiment, wenige Produktarten = schmales Sortiment).

Die **Sortimentstiefe** wird bestimmt durch die Zahl der Variationen gleichartiger Produkte (viele Variationen = tiefes Sortiment, wenige Variationen = flaches Sortiment). Variationen können sein: verschiedene Materialien, Größen, Farben, Ausstattungen etc.

## 1.3 Was ist ein Produktlebenszyklus?

Der Produktlebenszyklus ist ein Modell, das den „Lebensweg" eines Produktes von der Markteinführung bis zu dessen Verschwinden vom Markt darstellt.

Dabei wird der Weg des Produktes auf dem Markt in verschiedene Phasen eingeteilt.

**Produktlebenszyklus – idealtypischer Verlauf**

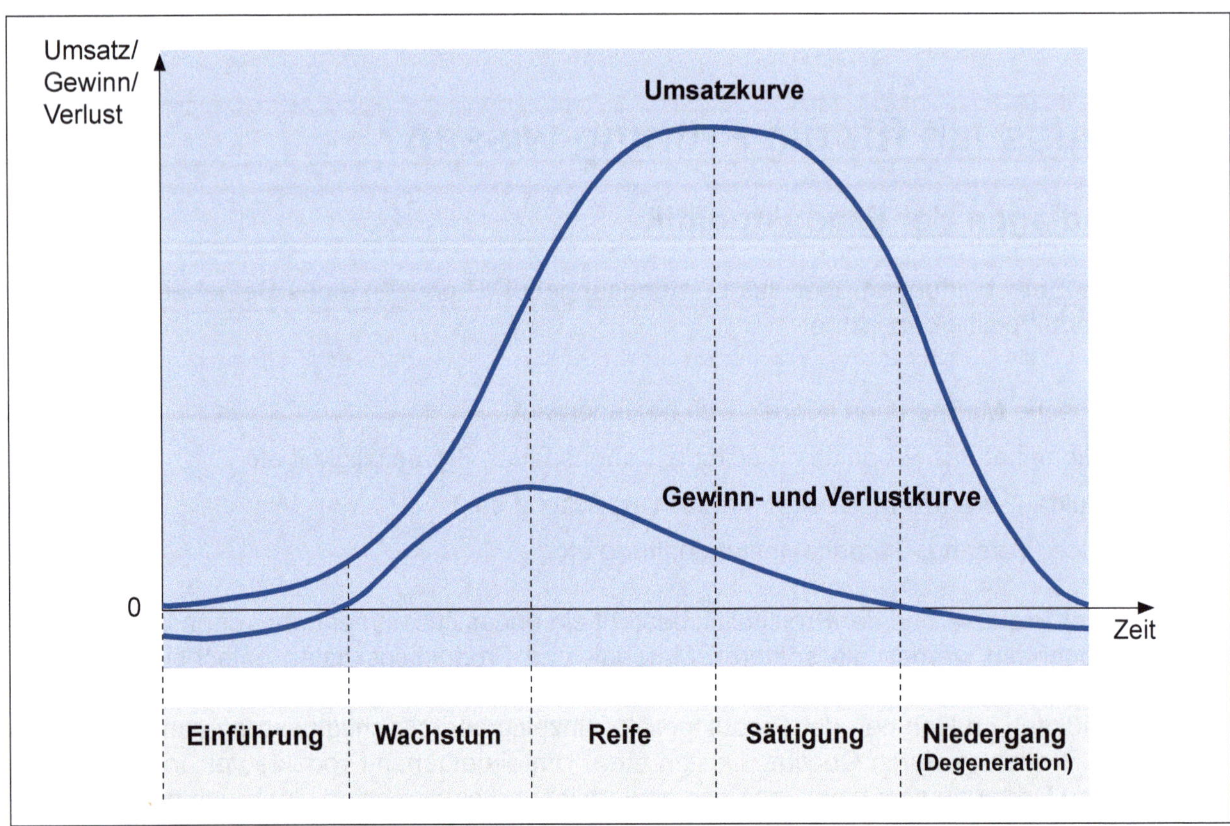

## 1.4 Product-Lifecycle-Management (PLM)

Ziel des Product-Lifecycle-Managements ist es, den Lebenszyklus von Produkten auf dem Markt systematisch so zu planen, dass der größtmögliche Markterfolg erzielt wird. Das PLM-Konzept beginnt mit der Produktidee, durchläuft die Entwicklungs-, Produktions- und Servicephase und endet mit dem Auslaufen des Produktes. Es befasst sich mit allen für den Markterfolg des Produktes relevanten Prozessen.

## 1.5 Portfoliopolitik (vgl. Kap. II. 2.2)

Die Portfoliopolitik beschäftigt sich mit der Frage, welche Produkte, Produktgruppen bzw. Geschäftsfelder gefördert, welche gehalten und welche eliminiert werden sollen. Hierbei handelt es sich um strategische Überlegungen, die den konkreten produktpolitischen Maßnahmen vorausgehen.

## 1.6 Maßnahmen der Produkt- und Sortimentspolitik

| Maßnahme | Beschreibung | Wirkung auf Sortiment | Mögliche absatzpolitische Zielsetzungen |
|---|---|---|---|
| **Innovation** | Einführung neuartiger Produkte als Ergebnis von FuE | Erweiterung (breiter oder tiefer) | ⇒ technologischer Vorsprung<br>⇒ Qualitätsführerschaft<br>⇒ Gewinnung neuer Kundengruppen |
| **Diversifikation** (horizontal, vertikal, lateral) | Aufnahme von Produkten, die sich von den bestehenden grundlegend unterscheiden | Erweiterung (breiter) | ⇒ Risikostreuung<br>⇒ Erschließung neuer Produktmärkte |
| **Differenzierung** | Aufnahme von Produkten, die sich von den bestehenden nur geringfügig unterscheiden | Erweiterung (tiefer) | ⇒ mehr Auswahl schaffen<br>⇒ Flexibel auf Kundenwünsche reagieren |
| **Variation** | Veränderung bereits bestehender Produkte | Keine Veränderung der Breite und Tiefe | ⇒ Aktualisierung von Technologien<br>⇒ Anpassung an Modewandel und Trends |
| **Elimination** | Herausnahme von Produkten aus dem Programm | Bereinigung (schmaler oder flacher) | ⇒ „Poor Dogs“ bzw. Verlustbringer beseitigen<br>⇒ Kapazität für neue Produkte frei machen |

## 1.7 Servicepolitik

Unter Service wird die Gesamtheit der Leistungen bezeichnet, die für den Kunden über das Produkt oder die grundlegende Dienstleistung hinaus erbracht werden.

Zu den Serviceleistungen zählen:

- Transport
- Montage
- Instandhaltung
  - Inspektion: Überprüfung und Erläuterung des Ist-Zustandes
  - Wartung: Maßnahmen zur Erhaltung des Soll-Zustandes (Schmieren, Nachfüllen, Reinigen, Verschleißteile austauschen etc.)
  - Reparatur: Zurückversetzung eines defekten Objektes in den funktionsfähigen Zustand (z. B. durch Austausch defekter Teile)
- Beratung
- Telefon-Hotline
- Garantien
- Entsorgung von Altgeräten
- etc.

# Was erwartet mich in der Prüfung?

## 1. Das Lernlabyrinth

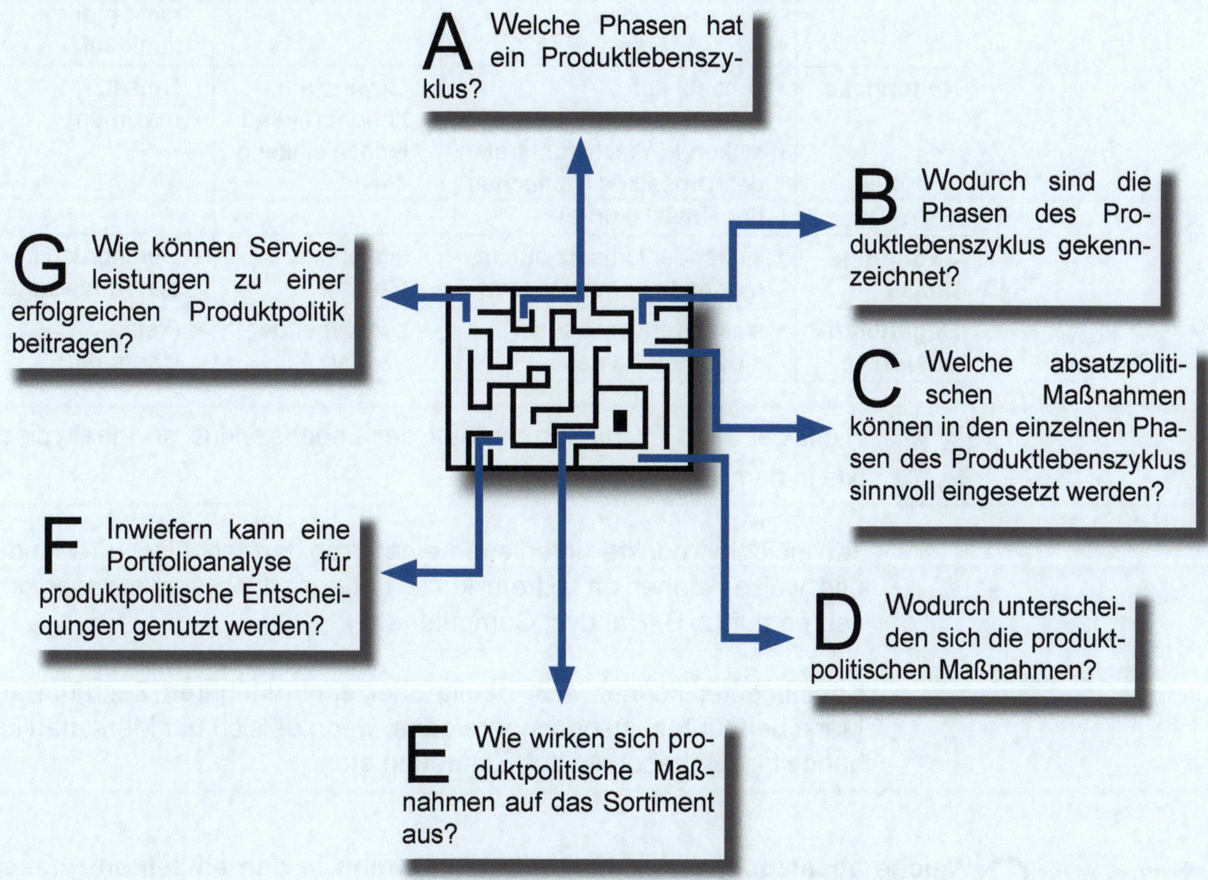


## 2. Wege aus dem Lernlabyrinth

### A Welche Phasen hat ein Produktlebenszyklus?

Grundsätzlich wird der Produktlebenszyklus in fünf Phasen eingeteilt (siehe Schaubild im Wissensteil): Einführungs-, Wachstums-, Reife-, Sättigungs- und Degenerationsphase. In manchen Darstellungen werden die Reife- und die Sättigungsphase zu einer Phase zusammengefasst. Die Degenerationsphase wird oft auch als Niedergangsphase bezeichnet.

### B Wodurch sind die Phasen des Produktlebenszyklus gekennzeichnet?

| Phase | Umsatz | Gewinn | Übergang zur nächsten Phase |
|---|---|---|---|
| **Einführungsphase** | • auf niedrigem Niveau<br>• steigend | • Verlust bzw. noch kein Gewinn | • Durchbruch in die Gewinnzone |

| Phase | Umsatz | Gewinn | Übergang zur nächsten Phase |
|---|---|---|---|
| **Wachstumsphase** | • stark steigend (zunehmende Wachstumsraten) | • stark zunehmender Gewinn | • wenn die Wachstumsrate des Umsatzes nicht mehr zunimmt |
| **Reifephase** | • Umsatz auf hohem Niveau<br>• sinkende Wachstumsraten des Umsatzes (Abflachen der Umsatzkurve) | • Gewinn auf hohem Niveau, jedoch sinkend | • Umsatzmaximum |
| **Sättigungsphase** | • sinkender Umsatz auf immer noch hohem Niveau | • sinkender Gewinn | • Durchbruch in die Verlustzone |
| **Degenerationsphase** | • sinkender Umsatz auf niedrigem Niveau | • zunehmender Verlust | • (kein Übergang) |

Nicht bei allen Produkten verläuft der Lebenszyklus so idealtypisch wie in dem vorgestellten Modell.

Technologieprodukte unterliegen einem rapiden technischen Wandel und weisen daher oft extrem kurze Lebenszyklen von nur wenigen Jahren auf (z. B. Handys, Computer etc.).

Konsumgüter können sich häufig über einen längeren Zeitraum am Markt behaupten, insbesondere dann, wenn es sich um Markenartikel handelt (z. B. Lebensmittel, Zigaretten etc.).

C **Welche absatzpolitischen Maßnahmen können in den einzelnen Phasen des Produktlebenszyklus sinnvoll eingesetzt werden?**

Diese Aufgabe beschränkt sich nicht nur auf die Produktpolitik, sondern bezieht alle Instrumente des Marketing-Mix mit ein.

Die vorgeschlagenen Maßnahmen müssen zur Produktlebenszyklusphase passen. Sie sollten u. a. die Marktstellung des Unternehmens, die Wettbewerbssituation sowie die Bekanntheit des Produktes berücksichtigen.

**Beispiel:**
Ein neues Handy-Modell befindet sich in der Einführungsphase. Das Produkt ist mit einer neuartigen Technologie ausgestattet und diesbezüglich konkurrenzlos.

Mögliche absatzpolitische Maßnahmen:

- Produktpolitik: Das Handy wird mit neuartigen Funktionen ausgestattet (Innovation).
- Preispolitik: Aufgrund der monopolartigen Stellung können hohe Einführungspreise verlangt werden.
- Kommunikationspolitik: Da das neue Handy-Modell erst noch bekannt gemacht werden muss, wird Einführungswerbung betrieben.
- Distributionspolitik: Es wird nach neuen Vertriebskanälen (z. B. Händlern) für das neue Produkt gesucht.

## D Wodurch unterscheiden sich die produktpolitischen Maßnahmen?

### 1. Unterscheidung: Diversifikation – Differenzierung

In beiden Fällen wird die Angebotspalette um zusätzliche Produkte erweitert.

Während die Differenzierung nur eine geringfügige Änderung gegenüber der bisherigen Produktpalette darstellt, handelt es sich bei Diversifikation um grundlegend neue Produkte bzw. Produktgruppen.

**a) Differenzierung**

**Beispiel:**
Ein Automodell wird in einer zusätzlichen Farbe angeboten.

**b) Horizontale Diversifikation**

Die zusätzlichen Produkte befinden sich auf der gleichen Wertschöpfungsstufe wie die bisherigen Produkte.

**Beispiel:**
Ein Autohersteller nimmt zusätzlich zu den Pkw-Modellen auch Motorräder in sein Portfolio auf.

**c) Vertikale Diversifikation**

Die zusätzlichen Produkte sind den bisherigen in der Wertschöpfungskette vor- oder nachgelagert.

**Beispiel:**
Ein Computerhersteller produziert und verkauft von nun an auch Mikro-Chips.

**d) Laterale Diversifikation**

Die zusätzlichen Produkte stehen in keinem Zusammenhang mit den bisherigen Produkten.

**Beispiel:**
Ein Sportartikelhersteller bietet neben Sportartikeln jetzt auch Parfüm an.

### 2. Unterscheidung: Variation – Differenzierung

Während sich bei einer Differenzierung das Sortiment um einen zusätzlichen Artikel erweitert, stellt die Variation die Veränderung eines bereits bestehenden Produktes dar.

**Beispiel für Variation:**
Ein Automodell wird nicht mehr in der Farbe gelb, dafür in der Farbe violett angeboten.

## E Wie wirken sich produktpolitische Maßnahmen auf das Sortiment aus?

Differenzierung führt zu zusätzlichen Produktvarianten, die das Sortiment vertiefen. Für die Kunden erhöht sich somit die Auswahl innerhalb einer Produktart.

Verwechseln Sie nicht Sortimentstiefe mit Fertigungstiefe. Während die Sortimentstiefe die Anzahl der verschiedenen Varianten eines Produktes betrifft, wird die Fertigungstiefe durch die Zahl der im eigenen Unternehmen befindlichen Fertigungsstufen bestimmt.

Diversifikation verbreitert das Sortiment durch zusätzliche Produktarten. Dadurch können neue Kundengruppen angesprochen und neue Marktsegmente erschlossen werden.

Verwechseln Sie nicht Sortimentsbreite mit Produktionsprogrammbreite! Bei der Sortimentsbreite handelt es sich um die Anzahl der verschiedenartigen Produkte/Produktgruppen, die zum Verkauf angeboten werden. Das Produktionsprogramm bezieht sich hingegen auf die hergestellten Güter.

**Beispiel:**
Ein Sportartikelhersteller nimmt Parfüm in sein Sortiment auf. Das Sortiment verbreitert sich. Da er das Parfüm jedoch nicht selbst herstellt, bleibt das Produktionsprogramm unverändert.

## F Inwiefern kann eine Portfolioanalyse für produktpolitische Entscheidungen genutzt werden?

Die Portfolioanalyse bietet Hilfe bei der Beantwortung folgender Fragen:

- Welche Produkte sollen neu in das Sortiment aufgenommen werden?
- Welche Produkte sollen im Sortiment gehalten werden?
- Welche Produkte sollen aus dem Sortiment eliminiert werden?

Welche strategischen Stoßrichtungen für welche Produkte zu empfehlen sind, wurde bereits in Kapitel II. 2.2 ausführlich dargestellt. Allerdings handelt es sich dabei um eher pauschale Empfehlungen. Neben den dort genannten Kriterien sollten daher noch weitere Aspekte in die Überlegungen einbezogen werden.

**Beispiel:**
Eine Produktgruppe wird in der Portfolioanalyse aufgrund des geringen Marktanteils und Markwachstums als Poor Dog eingestuft. Bevor die Produktgruppe eliminiert wird, sollte aber u. a. geprüft werden,

- ob dem Unternehmen durch die Eliminierung Kundengruppen verloren gehen könnten
- welche Auswirkung die Eliminierung auf das Image des Unternehmens haben könnte und
- ob Zusammenhänge zum Absatz anderer (z. B. komplementärer) Produkte bestehen.

G **Wie können Serviceleistungen zu einer erfolgreichen Produktpolitik beitragen?**

**a) Differenzierung**

Funktionierende Produkte und hohe Qualität werden in vielen Branchen vorausgesetzt. Oft bieten daher Serviceleistungen die einzige Möglichkeit, sich von den Konkurrenzunternehmen entscheidend abzusetzen.

**Beispiel:**
Ein Möbelhersteller bietet eine Garantie von 3 Jahren für alle Arten von Sachmängeln an, während die meisten Konkurrenten lediglich eine der gesetzlichen Regelung entsprechende zweijährige Gewährleistung anbieten.

**b) Hohe Ergebnismargen**

Das Produktgeschäft ist gerade auf Käufermärkten einem hohen preislichen Wettbewerb unterworfen, sodass hohe Ergebnismargen hier nur sehr schwer zu erzielen sind. Hat sich der Käufer jedoch erst einmal für ein Produkt entschieden, ist er im Hinblick auf bestimmte Serviceleistungen oft an den Hersteller gebunden.

**Beispiel:**
Ein Kunde kauft sich einen neuen Pkw. Dabei kann er zwischen verschiedenen Autoherstellern wählen. Im Falle einer Reparatur ist er jedoch auf die Ersatzteile des Autoherstellers angewiesen, von dem er den Pkw gekauft hat.

**c) Kontinuierliche Erträge**

Gerade im Anlagengeschäft unterliegt der Auftragseingang, und zeitlich versetzt damit auch der Umsatz, oft großen Schwankungen. Das Servicegeschäft (After Sales Business) kann zu einem konstanteren Umsatzverlauf beitragen.

**Beispiel:**
Ein Turbinenhersteller erhält in unregelmäßigen und längeren Zeitabständen Aufträge über den Bau von Kraftwerksturbinen. Bei dieser Gelegenheit wird mit dem Kunden ein Servicevertrag abgeschlossen, der Inspektion, Wartung und Instandsetzung der Turbinen beinhaltet und damit über viele Jahre hinweg konstante Umsätze ermöglicht.

# So trainiere ich für die Prüfung

## Aufgaben

## 1. Wissensfragen

### 1.1 Lernfragen

1. Nennen Sie die fünf Phasen des Produktlebenszyklus.
2. Führen Sie zwei charakteristische Merkmale der Wachstumsphase des Produktlebenszyklus an.
3. Erklären Sie, woran man bei einem idealtypischen Verlauf des Produktlebenszyklus den Übergang von der Wachstums- zur Reifephase erkennt.
4. Geben Sie die zwei entscheidenden Größen an, nach der Geschäftsfelder bei einer Portfolioanalyse in eine Matrix eingeordnet werden.
5. Erläutern Sie, worin sich Sortimentstiefe und Sortimentsbreite unterscheiden.
6. Erläutern Sie den Unterschied zwischen Produktdifferenzierung, Produktdiversifikation und Produktvariation.
7. Erklären Sie drei Formen der Produktdiversifikation.
8. Begründen Sie, warum Serviceleistungen bei Investitionsgütern ein wichtiger Bestandteil der Produktpolitik sind.

### 1.2 Mehrfachauswahl

1. Bringen Sie folgende Phasen des Produktlebenszyklus in die richtige Reihenfolge.

| Phase: | Reihenfolge (Ziffern 1 - 5) |
|---|---|
| a) Wachstumsphase | |
| b) Einführungsphase | |
| c) Degenerationsphase | |
| d) Sättigungsphase | |
| e) Reifephase | |

**2.** Bei welcher Aussage treffen alle Merkmale auf die Einführungsphase des Produktlebenszyklus zu?

a) steigender Umsatz, niedrige Stückkosten, niedriger Umsatz
b) niedriger Gewinn bzw. Verlust, steigender Umsatz, hohe Stückkosten
c) niedriger Gewinn bzw. Verlust, steigender Umsatz, hohes Umsatzniveau
d) niedrige Stückkosten, niedriges Umsatzniveau, niedriger Gewinn bzw. Verlust
e) steigende Umsatzwachstumsraten, niedriger Umsatz, zunehmende Stückkosten.

**3.** In welchem Fall handelt es sich um eine produktpolitische Maßnahme, die in die Sättigungsphase des Produktlebenszyklus passt?

a) Das Produkt wird vom Markt genommen, da sich dessen Umsatz auf einem sehr niedrigen Niveau bewegt.
b) Ein Produkt mit einer völlig neuartigen Technologie wird auf den Markt gebracht.
c) Der zunehmende Konkurrenzkampf führt dazu, dass den Kunden hohe Rabatte gewährt werden.
d) Um sich von den zahlreichen Konkurrenzprodukten abzuheben, wird eine technisch modernisierte Variante des Produktes auf den Markt gebracht.
e) Eine Werbekampagne soll die Vorzüge des eigenen Produktes gegenüber den Konkurrenzprodukten verdeutlichen.

**4.** Ordnen Sie die Maßnahmen der Produkt- und Sortimentspolitik den Buchstaben a) - f) richtig zu.

| Maßnahmen | Differenzierung | Variation | Diversifikation | Elimination |
|---|---|---|---|---|
| a) Ein Büromöbelhersteller nimmt nun auch Wohnmöbel in das Sortiment auf. | | | | |
| b) Ein Fahrradhersteller nimmt ein veraltetes Fahrradmodell vom Markt. | | | | |
| c) Ein Skihersteller bietet den gleichen Ski mit einem neuen Bindungssystem an, das das alte Bindungssystem ablöst. | | | | |
| d) Ein Hersteller von Fußballschuhen bietet einen Schuh nun zusätzlich in roter Farbe an. | | | | |
| e) Ein Hersteller von Betriebssystemen bietet neuerdings auch ERP-Software an. | | | | |
| f) Ein Autohersteller bietet ein bestehendes Modell von nun an optional mit einem eingebauten Navigationsgerät als Sonderausstattung an. | | | | |

**5.** In welchen Fällen liegt eine laterale Diversifikation vor?

a) Eine Brauerei nimmt Weißbier als zusätzliche Sorte ins Sortiment auf.

b) Eine Fleischwarenfabrik betreibt neuerdings eine eigene Rinderzucht. Die Rinder werden auch an andere Unternehmen verkauft.

c) Ein Lebensmittelhersteller erweitert sein Portfolio um einen Reedereibetrieb.

d) Ein Hersteller von Erfrischungsgetränken nimmt Mineralwasser in sein Sortiment auf.

e) Ein Schuhhersteller verwendet einen völlig neuartigen synthetischen Grundstoff für seine Schuhsohlenproduktion.

f) Ein Kaffeeröster bietet in seinen Filialen Textilien an.

g) Ein Fernsehgerätehersteller nimmt DVD-Geräte in sein Sortiment auf.

**6.** Ordnen Sie zu, welche Auswirkungen sich jeweils auf die Sortimentsbreite bzw. -tiefe ergeben.

| Maßnahmen: | Sortiment wird ... | | | | Sortimentsbreite und -tiefe unverändert |
|---|---|---|---|---|---|
| | tiefer | flacher | breiter | schmaler | |
| a) Ein Obstkonservenhersteller bietet jetzt auch Gemüsekonserven an. | | | | | |
| b) Ein Autohersteller bietet ein Modell in zwei zusätzlichen Lackfarben an. | | | | | |
| c) Ein Möbelhersteller lässt einen Teil seiner Produkte nicht mehr in der eigenen Fabrik, sondern von einer Fremdfirma produzieren. | | | | | |
| d) Ein Schuhhersteller nimmt für ein Schuhmodell alle Größen über 47 aus dem Sortiment. | | | | | |
| e) Ein Sportartikelhersteller stellt Produktion und Verkauf von Tennisschlägern ein, um sich auf Schuhe und Textilien zu konzentrieren. | | | | | |

## 2. Fallsituation

Die Aquatech GmbH stellt Waschmaschinen für den inländischen Markt her. Sie arbeiten in der Marketingabteilung und Ihre Aufgabe besteht darin, das Produktportfolio der Aquatech GmbH zu analysieren und sinnvolle Maßnahmen der Produkt- und Sortimentspolitik zu erarbeiten. Dabei stehen Ihnen folgende Informationen zur Verfügung:

**Produktportfolio der Aquatech GmbH**

| Modell | Produktmerkmale |
|---|---|
| Aqua Easy | einfach zu bedienen, geringes Fassungsvermögen, wenig Sonderfunktionen und Spezialprogramme, solide Qualität, Zielgruppe „Singles“ |
| Aqua Clean | Standardfunktionen und -design, mittleres Fassungsvermögen, mittlere Waschleistung, solide Qualität |

| | |
|---|---|
| Aqua Exclusiv | High-End-Produkt, außergewöhnliches Design, viele Sonderfunktionen und Spezialprogramme, hohes Fassungsvermögen, hohe Waschleistung, hohe Qualität, schnell, leiseste Waschmaschine der Welt |
| Aqua Öko | geringer Stromverbrauch, geringer Wasserverbrauch, mittleres Fassungsvermögen, hohe Qualität, leise |
| Aqua Wash & Dry | wie Aqua Exclusiv + integrierter Wäschetrockner (Vollwaschtrockner) |
| Aqua Professional | Hochleistungswaschmaschine für gewerbliche Kunden (Wäschereien, Gastgewerbe, Krankenhäuser etc.) |

**Umsatzstatistik der letzten sechs Jahre (Umsätze in Mio. €)**

| Produktgruppe: | Jahr 00 | Jahr 01 | Jahr 02 | Jahr 03 | Jahr 04 | Jahr 05 |
|---|---|---|---|---|---|---|
| Aqua Easy | – | 3,0 | 7,2 | 9,8 | 9,5 | 9,0 |
| Aqua Clean | 3,4 | 10,4 | 13,0 | 12,2 | 8,3 | 3,1 |
| Aqua Öko | – | – | – | – | 3,2 | 7,0 |
| Aqua Exclusiv | – | – | 3,4 | 9,1 | 11,8 | 10,4 |
| Aqua Wash & Dry | – | – | – | – | – | 2,6 |
| Aqua Professional | – | – | – | – | 3,9 | 8,0 |

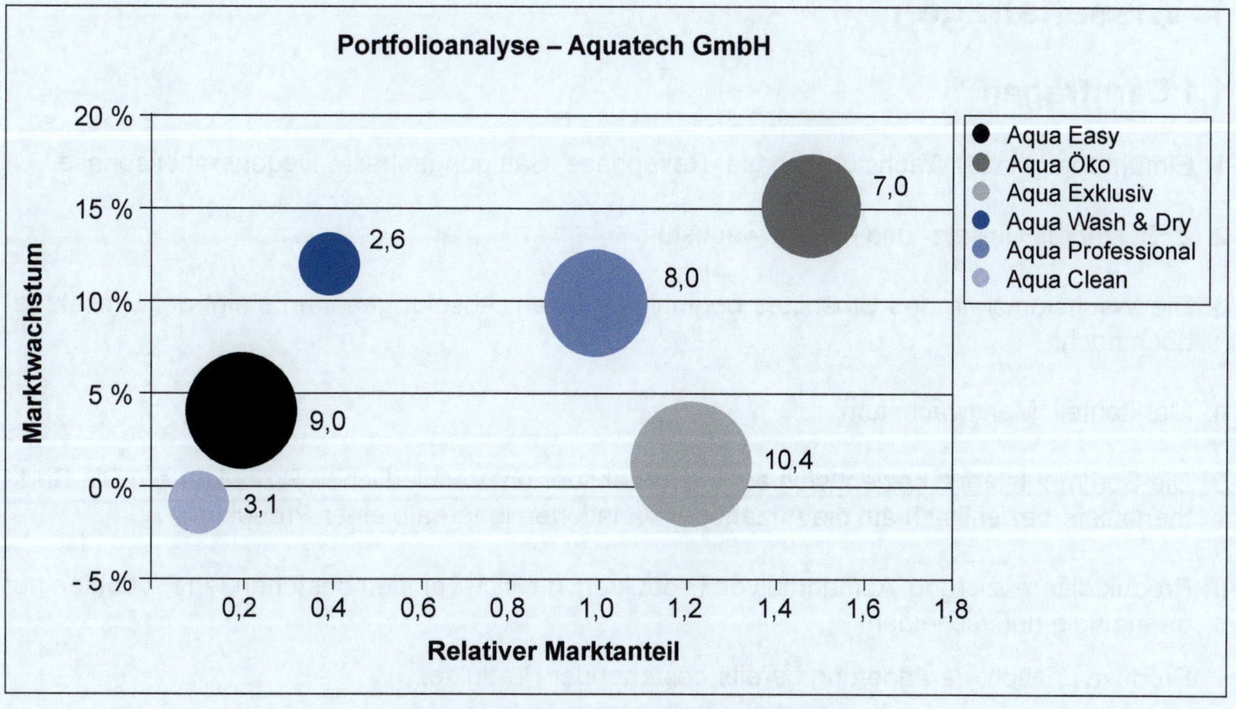


Neben den Kreisen: Umsatz in Mio. €

**a)** Legen Sie dar, in welcher Phase des Produktlebenszyklus sich das Modell Aqua Clean Ihrer Meinung nach befindet. Begründen Sie Ihre Antwort.

**b)** Schlagen Sie ein in sich stimmiges Paket von vier Maßnahmen aus jeweils unterschiedlichen Bereichen des Marketing-Mix vor, die Sie für das Produkt Aqua Easy empfehlen würden. Begründen Sie Ihre Maßnahmen.

**c)** Welche Portfolio-Strategie empfehlen Sie für das Modell Aqua Exclusiv? Begründen Sie Ihre Entscheidung.

**d)** Die Aquatech GmbH möchte ihr Serviceangebot umfassend erweitern. Führen Sie für den Bereich der gewerblichen Kunden und für die Haushaltswaschmaschinen jeweils drei sinnvolle Serviceleistungen an.

**e)** Die Marke „Aquatech“ ist in erster Linie für ihre hohe Qualität und ein hohes Preisniveau bekannt. Nun möchte die Aquatech GmbH auch ein Modell für den Niedrigpreissektor auf den Markt bringen. Der Marketingleiter befürchtet jedoch, dass dadurch das Qualitätsimage der Marke „Aquatech“ erheblichen Schaden erleiden könnte. Schlagen Sie eine markenpolitische Maßnahme zur Lösung dieses Problems vor.

**f)** Der Marketingleiter der Aquatech GmbH spricht davon, dass die Angebotspalette in der Kategorie „Waschen und Trocknen“ zukünftig stärker „diversifiziert“ werden müsse. Erklären Sie anhand eines Beispiels, was darunter zu verstehen ist, und führen Sie zwei mögliche Vorteile an, die sich daraus für die Aquatech GmbH ergeben könnten.

# Lösungen

## 1. Wissensfragen

### 1.1 Lernfragen

**1.** Einführungsphase, Wachstumsphase, Reifephase, Sättigungsphase, Degenerationsphase

**2.** Z. B. starkes Umsatz- und Gewinnwachstum

**3.** Die Wachstumsrate des Umsatzes beginnt zu sinken. Absolut gesehen steigt der Umsatz jedoch noch.

**4.** Marktanteil, Marktwachstum

**5.** Die Sortimentsbreite bezieht sich auf die Anzahl der unterschiedlichen Produktarten. Die Sortimentstiefe bezieht sich auf die Anzahl der Variationen innerhalb einer Produktart.

**6.** Produktdifferenzierung: Aufnahme von Produkten, die sich von den bestehenden Produkten nur geringfügig unterscheiden.

Produktvariation: Veränderung bereits bestehender Produkte.

Produktdiversifikation: Aufnahme von Produkten, die sich von den bestehenden Produkten grundlegend unterscheiden.

**7.** Horizontale Diversifikation: Die neuen Produkte befinden sich innerhalb der Wertschöpfungskette auf der gleichen Stufe wie die bestehenden Produkte.

Vertikale Diversifikation: Die neuen Produkte befinden sich auf einer vor- oder nachgelagerten Stufe der Wertschöpfungskette.

Laterale Diversifikation: Die neuen Produkte stehen in keinem Zusammenhang zu den bisherigen Produkten.

**8.** Serviceleistungen sind eine Möglichkeit, sich von anderen Anbietern der gleichen Branche abzuheben. Ferner lassen sich durch Serviceverträge oft höhere Ergebnismargen erzielen als mit dem reinen Verkauf der Produkte, da der Kunde bei Serviceleistungen (z. B. Wartung, Ersatzteile etc.) im Gegensatz zur Anschaffungsentscheidung meist an den Hersteller gebunden ist.

## 1.2 Mehrfachauswahl

**1.**

| **Phase** | **Reihenfolge (Ziffern 1 - 5)** |
|---|---|
| a) Wachstumsphase | **2** |
| b) Einführungsphase | **1** |
| c) Degenerationsphase | **5** |
| d) Sättigungsphase | **4** |
| e) Reifephase | **3** |

**2. b**

In der Einführungsphase ist der Umsatz niedrig, steigt jedoch an. Die Stückkosten sind wegen der noch geringen Absatzzahlen hoch, nehmen jedoch mit steigendem Umsatz/Absatz ab (Fixkostendegression). Wegen der hohen Stückkosten wird Verlust bzw. nur ein geringer Gewinn erzielt.

**3. d**

Produktvariation ist eine produktpolitische Maßnahme, die als Antwort auf den starken Konkurrenzkampf in der Sättigungsphase ergriffen werden kann.

a) Das sehr niedrige Umsatzniveau deutet auf die Degenerationsphase hin.
b) Einführungsphase
c) Preispolitik
e) Kommunikationspolitik

**4.**

| Maßnahmen | Differenzierung | Variation | Diversifikation | Elimination |
|---|---|---|---|---|
| a) Ein Büromöbelhersteller nimmt nun auch Wohnmöbel in das Sortiment auf. | | | x | |
| b) Ein Fahrradhersteller nimmt ein veraltetes Fahrradmodell vom Markt. | | | | x |
| c) Ein Skihersteller bietet den gleichen Ski mit einem neuen Bindungssystem an, das das alte Bindungssystem ablöst. | | x | | |
| d) Ein Hersteller von Fußballschuhen bietet einen Schuh nun zusätzlich in roter Farbe an. | x | | | |
| e) Ein Hersteller von Betriebssystemen bietet neuerdings auch ERP-Software an. | | | x | |
| f) Ein Autohersteller bietet ein bestehendes Modell von nun an optional mit einem eingebauten Navigationsgerät als Sonderausstattung an. | x | | | |

**5. c, f**

a) d) g) horizontale, aber wegen des Zusammenhangs mit der bisherigen Produktpalette keine laterale Diversifikation
b) vertikale Diversifikation
e) keine Diversifikation, da sich die Neuartigkeit des Grundstoffs nicht auf das Absatzprogramm bezieht

**6.**

| Maßnahmen: | Sortiment wird ... | | | | Sortimentsbreite und -tiefe unverändert |
|---|---|---|---|---|---|
| | tiefer | flacher | breiter | schmaler | |
| a) Ein Obstkonservenhersteller bietet jetzt auch Gemüsekonserven an. | | | x | | |
| b) Ein Autohersteller bietet ein Modell in zwei zusätzlichen Lackfarben an. | x | | | | |
| c) Ein Möbelhersteller lässt einen Teil seiner Produkte nicht mehr in der eigenen Fabrik, sondern von einer Fremdfirma produzieren. | | | | | x |
| d) Ein Schuhhersteller nimmt für ein Schuhmodell alle Größen über 47 aus dem Sortiment. | | x | | | |
| e) Ein Sportartikelhersteller stellt Produktion und Verkauf von Tennisschlägern ein, um sich auf Schuhe und Textilien zu konzentrieren. | | | | x | |

## 2. Fallsituation

**a)**

Degenerationsphase: Das Modell Aqua Clean ist bereits seit sechs Jahren auf dem Markt. Der Umsatz hatte seinen Höhepunkt schon vor drei Jahren. Seitdem ist der Umsatz drastisch gesunken und hat mittlerweile ein sehr niedriges Niveau erreicht (siehe Umsatzstatistik). Der Markt für dieses Produkt schrumpft und das Modell Aqua Clean hat nur einen geringen Marktanteil (siehe Portfoliodiagramm). **A, B**

**b)**

Die Umsatzstatistik deutet darauf hin, dass sich das Modell Aqua Easy in der Sättigungsphase befindet: Der Umsatz bewegt sich noch auf relativ hohem Niveau, hat aber seinen Höhepunkt bereits überschritten. Das Modell ist seit fünf Jahren auf dem Markt. Der Markt weist nur noch ein geringes Wachstum auf. **B, C**

Aus dieser Situation lassen sich z. B. folgende Maßnahmen ableiten:

**Im Bereich der Produktpolitik:**
Produktvariation: Das Waschmaschinenmodell müsste mit neuen technischen Funktionen und Eigenschaften ausgestattet werden, die den Kunden einen neuen Kaufanreiz bieten (z. B. strom-/wassersparend, leise).

**Im Bereich der Preispolitik:**
Preissenkungen: Der starke Konkurrenzkampf, von dem im Segment der einfachen Waschmaschinen in der Sättigungsphase auszugehen ist, macht Preissenkungen z. B. in Form von Rabatten erforderlich.

**Im Bereich der Kommunikationspolitik:**
Abgrenzungswerbung: Um sich von den Konkurrenzprodukten abheben zu können, sind verstärkte Werbeaktivitäten notwendig. Die Werbung soll die zuvor geschilderten produkt- und preispolitischen Maßnahmen hervorheben.

**Im Bereich der Distributionspolitik:**
Neue Märkte erschließen: Da der inländische Markt für derartige Modelle bereits gesättigt ist und kaum noch Wachstumspotenzial besteht, sollte eine Erschließung neuer ungesättigter Exportmärkte erfolgen (z. B. in Osteuropa).

**c)**

Der hohe Marktanteil, das relativ geringe Marktwachstum und der hohe Umsatz deuten darauf hin, dass es sich beim Modell Aqua Exclusiv um eine „Cash Cow“ handelt. Die Aquatech GmbH ist mit dem Modell Aqua Exclusiv Marktführer im betreffenden Marktsegment. **B, C, F**

Portfoliostrategie: „Halten und abschöpfen“
Das Modell ist bereits seit vier Jahren auf dem Markt. Die Ausgereiftheit des Modells, das geringe Marktwachstum und die starke Marktposition haben zur Folge, dass keine hohen Investitionen mehr getätigt werden müssen. Die aus den hohen Umsätzen resultierenden Gewinne und Liquiditätsüberschüsse können abgeschöpft und evtl. in junge entwicklungsfähige Produkte investiert werden.

G

d)

Serviceleistungen für gewerbliche Kunden: z. B. Wartung, Instandsetzung, revolvierende Gewährleistung.
Serviceleistungen für Haushaltswaschmaschinen: z. B. Herstellergarantie, 24-Stunden-Hotline, Entsorgung von Altgeräten.

e)

Die Aquatech GmbH könnte für die neuen Niedrigpreis-Waschmaschinen eine eigene Billigmarke einführen. Die Billigmarke erhält einen Namen, der sich von „Aquatech“ deutlich unterscheidet, damit das Image der Qualitätsmarke „Aquatech“ durch die Billigprodukte nicht negativ beeinflusst wird.

D

f)

Diversifikation: Die Aquatech GmbH nimmt zusätzliche Produkte in ihr Portfolio auf, die sich von den bisherigen Produkten grundlegend unterscheiden.

**Beispiel:**
Die Aquatech GmbH bietet neben den Waschmaschinen und Waschtrocknern zusätzlich noch reine Wäschetrockner an.

Vorteile: Z. B. höhere Risikostreuung, Gewinnung zusätzlicher Kunden

# 2. Preispolitik

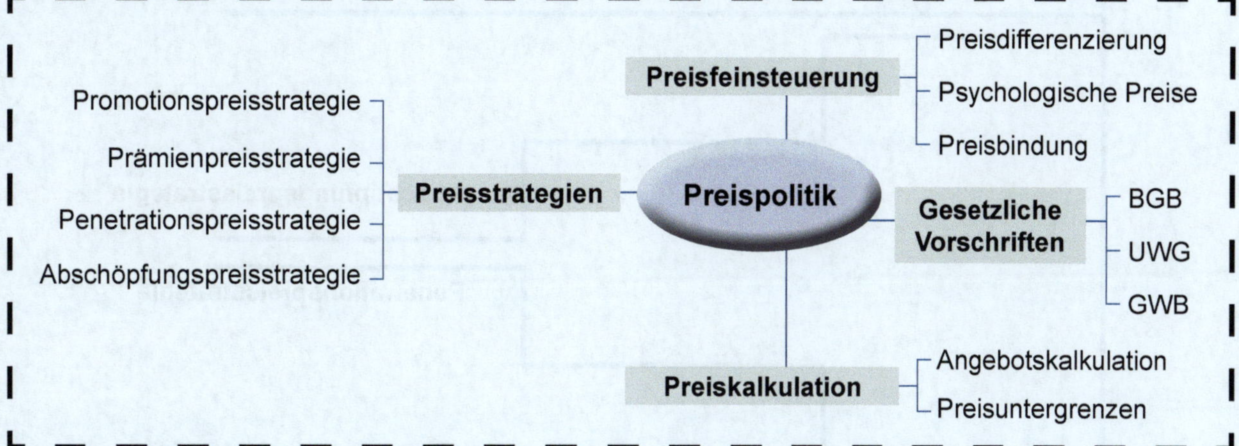


## Was muss ich für die Prüfung wissen?

### 2.1 Was ist Preispolitik?

Der Preis ist der Gegenwert eines Gutes auf dem Markt.

Unter Preispolitik versteht man die Möglichkeiten der Absatzbeeinflussung durch die Preisgestaltung.

### 2.2 Welche Faktoren beeinflussen den Preis?

Um die Preise im Sinne der eigenen absatzpolitischen Zielsetzungen möglichst optimal gestalten zu können, müssen verschiedene Einflussfaktoren berücksichtigt werden:

- Marktform und Wettbewerbssituation
- Selbstkosten
- Preisempfindlichkeit der Nachfrage (Preiselastizität)
- Kaufkraft der Kunden
- Steuern (z. B. Umsatzsteuer)
- etc.

### 2.3 Preisstrategien

Bei Einführung eines neuen Produktes auf den Markt müssen zwei strategische Entscheidungen getroffen werden:

a) **Preispositionierung:** Auf welchem Preisniveau soll das neue Produkt bei der Markteinführung angeboten werden?

b) **Preisanpassungsstrategie:** Wie soll sich der Preis des Produktes im Laufe des Produktlebenszyklus ändern?

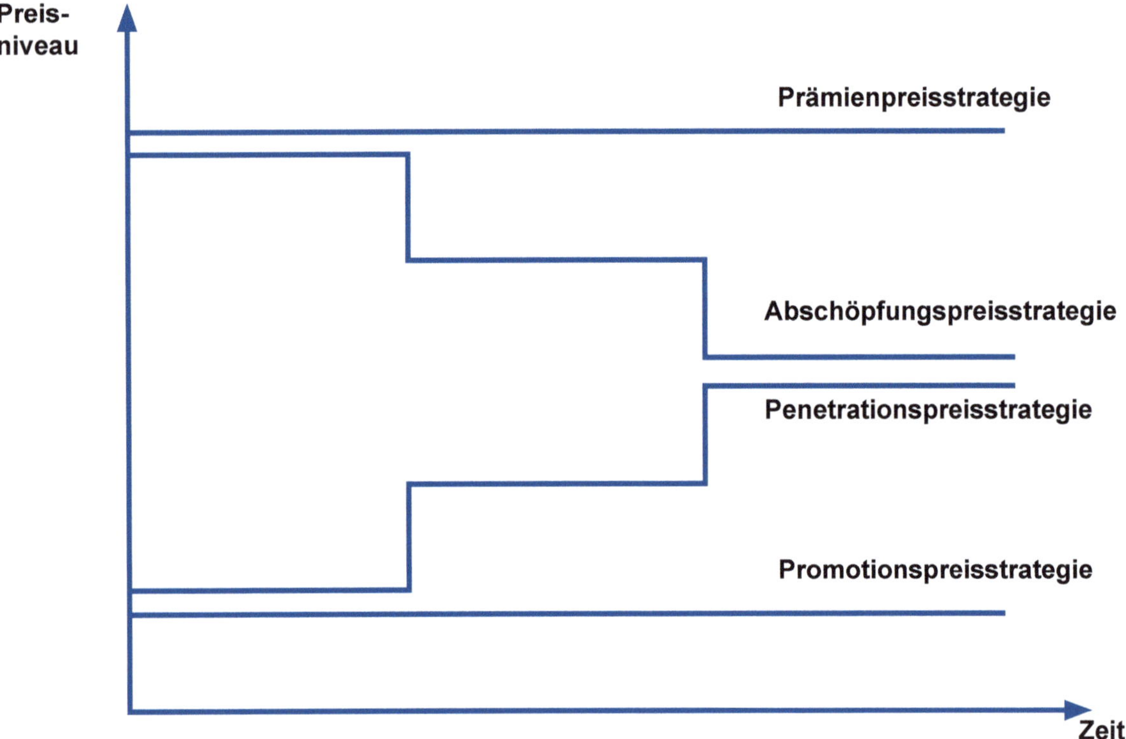


| Preisstrategie | Erläuterung |
|---|---|
| **Promotions-preisstrategie** | Ein dauerhaft niedriger Preis soll dauerhaft hohen Absatz sichern. |
| **Prämien-preisstrategie** | Ein dauerhaft hoher Preis wird durch eine Qualitätsführerschaft oder ein starkes Markenimage ermöglicht. |
| **Abschöpfungs-preisstrategie** (Skimming) | Ein hoher Einstiegspreis, der aufgrund einer monopolartigen Stellung oder Technologieführerschaft möglich ist, wird möglichst lange gehalten. Unter zunehmendem Konkurrenzdruck werden stufenweise Preissenkungen durchgeführt. |
| **Penetrations-preisstrategie** | Durch niedrige Einstiegspreise soll der Markt zunächst durchdrungen werden. Hat man einen ausreichend großen Kundenstamm an sich gebunden, werden die Preise stufenweise erhöht. |

## 2.4 Preisdifferenzierung

Nachdem das grundlegende Preisniveau der Produkte geplant wurde, geht es nun noch um die Preisfeinsteuerung. Zu den wichtigsten Instrumenten der Preisgestaltung zählt hierbei die Preisdifferenzierung.

Unter Preisdifferenzierung versteht man eine Preisgestaltung, bei der das gleiche Produkt bzw. die gleiche Leistung zu unterschiedlichen Preisen angeboten wird.

### a) Nach welchen Kriterien können Preise differenziert werden?

| Arten der Preisdifferenzierung | Erläuterung | Beispiele |
|---|---|---|
| **Räumliche Preisdifferenzierung** | In unterschiedlichen Regionen bzw. Orten wird zu unterschiedlichen Preisen angeboten. | Stadt- u. Landtarif |
| **Zeitliche Preisdifferenzierung** | Die Preise variieren in Abhängigkeit bestimmter Zeiten (Uhrzeiten, Wochentage, Jahreszeiten etc.). | Nachttarif, Wochenendtarif, Sommer- und Winterpreise |
| **Personelle Preisdifferenzierung** | Bestimmte Personen- bzw. Kundengruppen erhalten unterschiedliche Preise. | Studententarif, Firmentarif |
| **Mengenmäßige Preisdifferenzierung** | Der Preis wird an die Abnahmemenge gekoppelt. | Mengenrabatt, Mindermengenzuschläge |
| **Sachliche Preisdifferenzierung** | Die Preise orientieren sich am Verwendungszweck bzw. der Art der Güter. | „Zweite Wahl" |

### b) Wie können Preise differenziert werden?

Zu den wichtigsten Instrumenten der Preisdifferenzierung zählen folgende Maßnahmen:

| Instrumente der Preisdifferenzierung | Erläuterung | Beispiele |
|---|---|---|
| **Rabatte** | Prozentualer Nachlass vom Listenverkaufspreis | Mengenrabatt, Treuerabatt |
| **Skonti** | Prozentualer Nachlass vom Zielverkaufspreis für die Einhaltung eines bestimmten Zahlungstermins | 2 % Skonto bei Zahlung innerhalb von sieben Tagen |
| **Boni** | Vergütung, die dem Kunden nachträglich für einen bestimmten Umsatz bzw. Absatz gewährt wird | Umsatzbonus |
| **Zugaben** | Eine Nebenware (bzw. Nebenleistung) wird zusammen mit der Hauptware (bzw. Hauptleistung) angeboten, ohne dass ein zusätzliches Entgelt verlangt wird. | Warenproben, 5 zum Preis von 4 |

## 2.5 Preisbildung

### a) Wie kalkuliert man den Verkaufspreis?

| Kalkulationsprinzipien | Verwendete Kalkulationsverfahren | Erläuterung |
|---|---|---|
| **Kostenorientierte Kalkulation** (Ausgangspunkt für die Preiskalkulation sind die Kosten.) | Divisionskalkulation | Die Gesamtkosten einer Periode werden durch die Zahl der Leistungseinheiten der Periode dividiert (anwendbar bei Einproduktunternehmen). |
| | Zuschlagskalkulation | Die Gemeinkosten werden als prozentualer Zuschlagssatz auf die Einzelkosten berechnet. Einzel- und Gemeinkosten ergeben zusammen die Selbstkosten (progressive Zuschlagskalkulation). |
| **Marktorientierte Kalkulation** (Ausgangspunkt für die Kalkulation ist der am Markt erzielbare Preis.) | Deckungsbeitragsrechnung | In die Preiskalkulation werden nicht die gesamten Selbstkosten, sondern nur die variablen Stückkosten einbezogen. Dies ermöglicht z. B. die Ermittlung einer kurzfristigen Preisuntergrenze. |
| | Zielkostenrechnung (Target Costing) | Ausgehend vom Marktpreis wird durch eine retrograde Kalkulation ermittelt, wie hoch die Kosten maximal sein dürfen. |

**Mischkalkulation:** Werden niedrig kalkulierte Preise einzelner Erzeugnisse durch höher kalkulierte Preise anderer Erzeugnisse ausgeglichen, spricht man von einer Mischkalkulation.

**Hinweis:** Die verschiedenen Kalkulationsverfahren werden in Modul KSK 7 „Kosten- und Leistungsrechnung" ausführlich erläutert.

### b) Preisuntergrenzen

Insbesondere auf hart umkämpften Käufermärkten ist der Preisdruck für die Anbieter enorm groß. Hierbei stellt sich die entscheidende Frage: Wie weit kann man den Preis der eigenen Produkte unter wirtschaftlichen Gesichtspunkten senken?

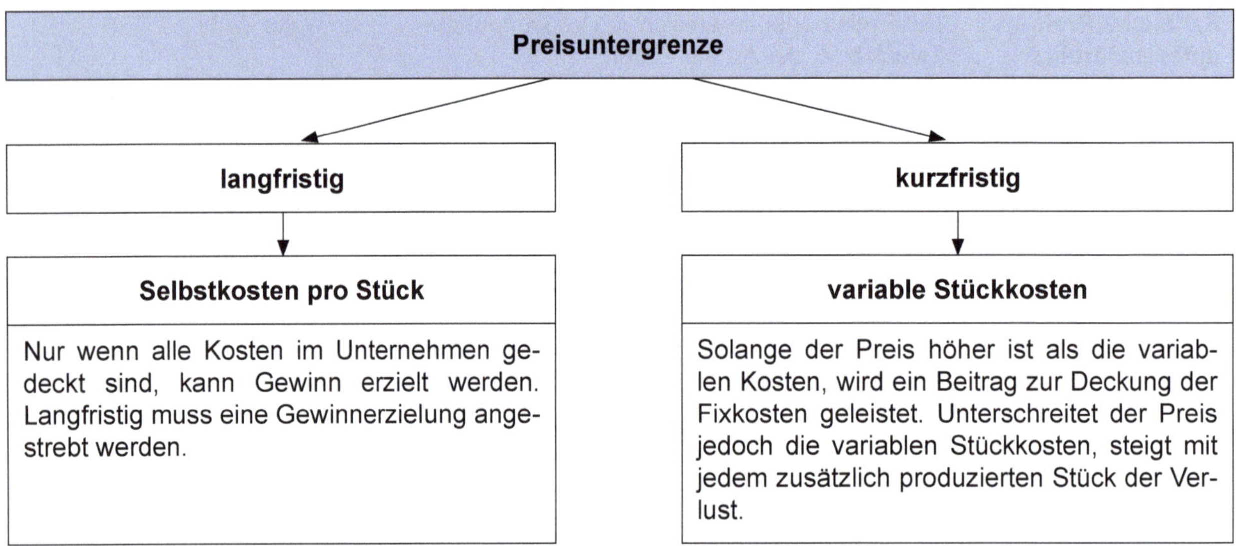


### c) Psychologische Preisgestaltung

Vor allem bei Konsumgütern können sich psychologische Aspekte auf die Preisgestaltung auswirken. Oft werden dabei die Preise bewusst knapp unterhalb sog. „Preisschwellen" angesetzt, um die Kaufentscheidung der Kunden psychologisch zu beeinflussen.

| Preisbegriff | Erläuterung | Beispiele |
|---|---|---|
| **Preisschwelle** | Preis, bei dessen Überschreitung ein deutlicher Nachfragerückgang eintritt. Die Preisschwelle wirkt wie eine Barriere. Ihre Wahrnehmung ist subjektiv. | 1 €/10 €/100 € etc. |
| **Glatte Preise** | Preise, die auf einen glatten Betrag enden (im Gegensatz zu gebrochenen Preisen). Sie haben den Vorteil, dass sie leichter zu merken sind und mit ihnen einfacher zu rechnen ist. | 10 €/15 €/20 € etc. |
| **Gebrochene Preise** | Preise werden bewusst knapp unterhalb wichtiger Preisschwellen angesetzt, um den Eindruck günstiger Preise zu erwecken. | 0,99 €/9,90 €/99,90 € etc. |

Die Instrumente der psychologischen Preisgestaltung kommen vor allem bei Verbrauchergeschäften zum Einsatz (z. B. in Supermärkten etc.).

## 2.6 Gesetzliche Vorschriften zur Preisbildung

### a) Allgemeine Vorschriften zur Preisgestaltung

| Gesetze | §§ | Regelung | Beispiele |
|---|---|---|---|
| **BGB** | § 138 | Ein Rechtsgeschäft, das gegen die guten Sitten verstößt, ist nichtig. (Preise, die in einem auffälligen Missverhältnis zur Leistung stehen, sowie Ausnutzung von Zwangslagen, mangelndem Urteilsvermögen, Unerfahrenheit etc.) | „Wucherpreise", überhöhte Zinsen |
| **GWB** (Gesetz gegen Wettbewerbsbeschränkungen) | § 1 | Vereinbarungen zwischen Unternehmen, Beschlüsse von Unternehmensvereinigungen und aufeinander abgestimmte Verhaltensweisen, die eine Verhinderung, Einschränkung oder Verfälschung des Wettbewerbs bezwecken oder bewirken, sind verboten. | Preiskartelle |
| | § 19 | Die missbräuchliche Ausnutzung einer marktbeherrschenden Stellung durch ein oder mehrere Unternehmen ist verboten. | Überhöhte Preise, z. B. aufgrund einer Monopolstellung |
| **UWG** (Gesetz gegen den unlauteren Wettbewerb) | § 5 | Irreführende bzw. unwahre Preisangaben sind verboten. | Vortäuschen eines in Wirklichkeit nicht vorhandenen Preisvorteils |
| | § 5a | Das Verschweigen bzw. Vorenthalten wesentlicher Preisinformationen gegenüber Verbrauchern gilt ebenfalls als Irreführung. | Verschweigen von Frachtkosten |

### b) Vorschriften für bestimmte Güter

| Gesetze/ Verordnungen | Betroffene Güter | Erläuterung |
|---|---|---|
| **Buchpreisbindungsgesetz (BuchPrG)** | in Deutschland verlegte Bücher, Musiknoten und kartografische Produkte | Die Verlage müssen Verkaufspreise festlegen; die festgesetzten Verkaufspreise müssen von den Händlern beim Verkauf an die Endabnehmer eingehalten werden. |
| **Arzneimittelpreisverordnung (AMPreisV)** | verschreibungspflichtige Arzneimittel | Apotheken müssen bei der Abgabe von Arzneimitteln an den Endverbraucher das in der Verordnung vorgeschriebene Preisbildungsschema einhalten. (Analoges gilt für pharmazeutische Großhändler beim Weiterverkauf von Arzneimitteln an Apotheken.) |
| **Tabaksteuergesetz (TabStG)** | Tabakwaren (Zigaretten, Zigarren etc.) | Der auf dem Steuerzeichen angegebene Packungspreis oder sich daraus ergebende Kleinverkaufspreis darf vom Händler bei Abgabe von Tabakwaren an Verbraucher, außer bei unentgeltlicher Abgabe als Proben oder zu Werbezwecken, nicht unterschritten werden. |

## 2.7 Preisbindung

Preisbindung liegt vor, wenn Anbietern Verkaufspreise vorgeschrieben werden. Der Preis kann entweder vom Hersteller, von Vereinigungen aller Anbieter oder durch den Staat festgelegt werden.

Verpflichtet der Hersteller den Händler vertraglich zur Einhaltung eines bestimmten Preises, spricht man von **vertikaler Preisbindung**.

Da Preisbindung in der Regel zu einer Einschränkung des Wettbewerbs führt, sind Preisbindungsmaßnahmen in Deutschland gemäß § 1 GWB grundsätzlich verboten und nur in Ausnahmefällen (Bücher und andere Verlagserzeugnisse, Tabakwaren, rezeptpflichtige Arzneimittel) möglich.

## 2.8 Unverbindliche Preisempfehlung

Mit einer unverbindlichen Preisempfehlung (UPE o. UVP) empfiehlt der Hersteller dem Einzelhandel einen bestimmten Verkaufspreis für seine Produkte. Dieser empfohlene Preis ist für den Händler jedoch nicht verbindlich.

Unverbindliche Preisempfehlungen sind grundsätzlich erlaubt und mittlerweile auch nicht mehr ausschließlich auf Markenartikel beschränkt.

## 2.9 Preisdumping

Von Preisdumping spricht man, wenn Waren oder Dienstleistungen unter den Herstellungskosten bzw. bei Handelswaren unter dem Einstandspreis angeboten werden.

Auf nationaler Ebene ist Preisdumping gemäß GWB insofern verboten, als dass durch die Dumping-Maßnahme andere Wettbewerber vom Markt gedrängt werden. International ist Preisdumping nach dem GATT (Allgemeines Zoll- und Handelsabkommen) der WTO (Welthandelsorganisation) grundsätzlich verboten, wobei der Agrarbereich ausgenommen ist. Durch Dumping geschädigte Staaten haben demnach das Recht, Gegenmaßnahmen zu ergreifen (z. B. Antidumpingzölle).

# Was erwartet mich in der Prüfung?

## 1. Das Lernlabyrinth

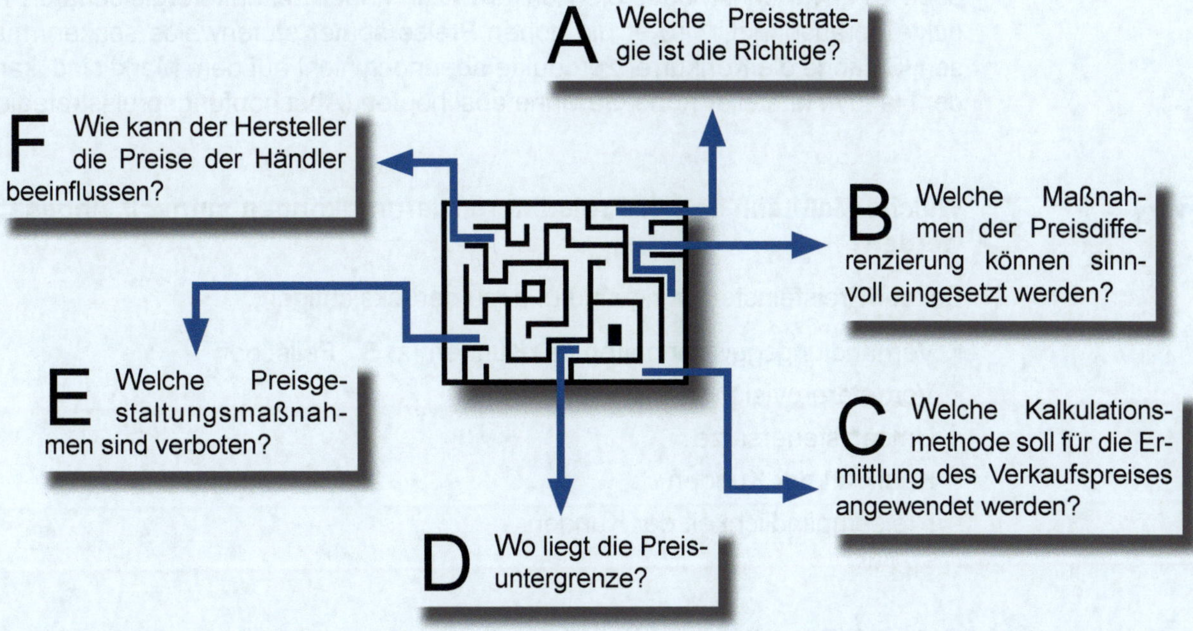


## 2. Wege aus dem Lernlabyrinth

### A Welche Preisstrategie ist die Richtige?

Um die geeignete Preisstrategie zu finden, sind insbesondere folgende Aspekte zu berücksichtigen:

**1. Wie ist die Wettbewerbssituation auf dem Markt?**

- Handelt es sich um einen stark umkämpften Markt mit vielen Mitbewerbern?
- Liegt ein Käufer- oder ein Verkäufermarkt vor?

**2. Wie empfindlich reagieren die Nachfrager auf Preiserhöhungen?**

- Liegt eine elastische oder unelastische Preiselastizität der Nachfrage vor?
- Haben die Kunden die notwendige Kaufkraft?
- Gibt es Substitutionsgüter?

**3. Welche Stellung haben wir mit unserem Produkt auf dem Markt?**

- Haben wir eine Qualitäts- oder Technologieführerschaft bzw. eine USP (Unique Selling Proposition), also ein einzigartiges Verkaufsargument?
- Verfügt das Produkt über ein ausgeprägtes Markenimage?
- Haben wir mit unserem Produkt eine monopolartige Stellung?
- Wie hoch ist unser Marktanteil?

**Beispiel:**
Ein Handy-Hersteller hat ein neues Handy-Modell entwickelt, dessen Technologie im Moment einzigartig ist. Es kann auch davon ausgegangen werden, dass viele Kunden bereit sind, für den technologischen Vorsprung einen Aufpreis zu zahlen. Der Hersteller kann deshalb hohe Einführungspreise verlangen. Da jedoch zu erwarten ist, dass die Konkurrenz in naher Zukunft vergleichbare Produkte herausbringt, wird er die hohen Preise später stufenweise senken müssen. Solange die Konkurrenzprodukte aber noch nicht auf dem Markt sind, kann der Handy-Hersteller hohe Gewinne abschöpfen (Abschöpfungspreisstrategie).

## B Welche Maßnahmen der Preisdifferenzierung können sinnvoll eingesetzt werden?

Bei der Preisfeinsteuerung sind u. a. zu berücksichtigen:

- Verhandlungsgewohnheiten der Kunden (z. B. „Feilschen")
- Vertreterprovisionen, Händlerspannen
- Umsatzsteuersätze
- Kaufkraft der Kunden
- Preisempfindlichkeit der Kunden
- etc.

**Beispiel: Räumliche Preisdifferenzierung**
Ein Industrieunternehmen erstellt für verschiedene Länder unterschiedliche Preislisten, da Verhandlungsgepflogenheiten, Kaufkraft, Umsatzsteuersätze sowie die Vertriebskosten von Land zu Land variieren. Bei Ländern, in denen z. B. intensive Preisverhandlungen an der Tagesordnung sind, wird der Listenpreis höher angesetzt, damit mehr Spielraum für Rabatte bleibt.

## C Welche Kalkulationsmethode soll für die Ermittlung des Verkaufspreises angewendet werden?

Hierfür ist entscheidend, ob

- der Preis vom Markt vorgegeben ist oder nicht
- alle Kosten (Selbstkosten) oder nur bestimmte Kosten (z. B. variable Kosten) in die Kalkulation einbezogen werden sollen.

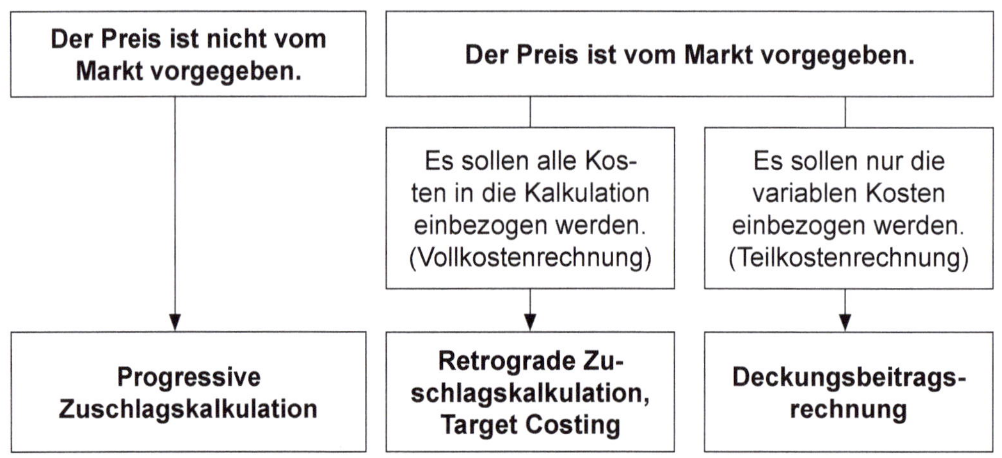

D **Wo liegt die Preisuntergrenze?**

Bei dieser Frage kommt es darauf an, wie langfristig man die Sache betrachtet:

**Beispiel:**
Die variablen Kosten für ein Produkt betragen 100 €, die Selbstkosten 180 €.

**a) Langfristige Preisuntergrenze:**

Um langfristig „überleben“ zu können, müssen die Umsatzerlöse alle Kosten decken, da ansonsten die Zahlungsunfähigkeit droht. Dies bedeutet, dass der Preis auf Dauer die Selbstkosten nicht unterschreiten sollte.

**Beispiel:**
Die langfristige Untergrenze beträgt 180 €.

**b) Kurzfristige Preisuntergrenze**

Es können jedoch einzelne Situationen eintreten, in denen es sinnvoll ist, vorübergehend unterhalb der Selbstkosten anzubieten.

**Beispiel 1:**
Das Unternehmen hat die Möglichkeit, einen Zusatzauftrag über 100 Stück anzunehmen. Der Kunde setzt jedoch einen Preis von 150 € voraus. Das Unternehmen verfügt noch über ausreichend freie Kapazitäten.

Da der Preis noch oberhalb der variablen Stückkosten von 100 € liegt, wird pro Stück ein positiver Deckungsbeitrag in Höhe von 50 € erzielt. Die Annahme des Zusatzauftrages trägt somit zur Deckung der fixen Kosten bei und verbessert das Betriebsergebnis um insgesamt 5.000 €.

**Beispiel 2:**
Es liegt eine weitere Anfrage über 200 Stück zu einem Preis von 80 € je Stück vor.

Der Preis unterschreitet die variablen Stückkosten um 20 €; es liegt ein negativer Deckungsbeitrag vor. Wird der Auftrag zu diesem Preis angenommen, erhöht sich mit jedem Stück der Verlust um 20 €. Es ist unter kostenrechnerischen Gesichtspunkten nicht sinnvoll, diesen Auftrag anzunehmen.

Neben kostenrechnerischen Gesichtspunkten können allerdings noch andere Faktoren eine Rolle spielen:

- Man möchte durch niedrige Preise ins Geschäft kommen und erhofft sich Folgeaufträge.
- Es handelt sich um einen Referenzkunden, der für den Ruf des Unternehmens wichtig ist.
- Der Absatz eines Produktes beeinflusst den Absatz anderer Produkte des Unternehmens (Komplementärgüter).

Bietet ein marktbeherrschendes Unternehmen offensichtlich deshalb unterhalb der Selbstkosten an, um andere Mitbewerber vom Markt zu drängen, liegt ein Verstoß gegen das GWB (Gesetz gegen Wettbewerbsbeschränkungen) vor.

E **Welche Preisgestaltungsmaßnahmen sind verboten?**

**1. Handelt es sich um eine Ware, für die eine besondere gesetzliche Regelung existiert?**

Dies ist insbesondere bei Verlagserzeugnissen (Bücher etc.), Tabakwaren und Arzneimitteln der Fall. Die entsprechenden Vorschriften (Buchpreisbindungsgesetz, Tabaksteuergesetz, Arzneimittelpreisverordnung) sind dann zu beachten.

**2. Wird gegen das GWB verstoßen?**

**Beispiel:**
Ein Software-Hersteller hat eine monopolartige Stellung und nutzt diese aus, um von den Kunden ungerechtfertigt hohe Preise zu verlangen. Dieser Missbrauch einer marktbeherrschenden Stellung ist gemäß GWB verboten.

**3. Wird gegen das UWG verstoßen?**

**Beispiel:**
Ein Textilunternehmen wirbt gegenüber Verbrauchern mit einem Preisnachlass von 50 %. Die Preise wurden jedoch erst kurz vor dieser Rabattaktion um 50 % erhöht.

Hier liegt ein sogenannter „Mondpreis“ vor. Der Verbraucher wird irregeführt, da sich gegenüber dem ursprünglichen Preisniveau eigentlich gar kein Preisvorteil ergibt. Gemäß UWG sind derartige Preisaktionen unzulässig.

**4. Wird gegen das BGB verstoßen?**

**Beispiel:**
Ein Lehrer hat versehentlich seinen USB-Stick gelöscht, auf dem wichtige Daten gespeichert waren, die er dringend für seinen Unterricht benötigt. Ein Datenrettungsunternehmen verlangt hierfür einen völlig überhöhten Preis von 2.000 €.

Hier wird eine Notlage auf sittenwidrige Art und Weise ausgenutzt. Das Rechtsgeschäft ist gemäß § 138 BGB nichtig.

## F Wie kann der Hersteller die Preise der Händler beeinflussen?

Preisbindungsmaßnahmen sind nur bei bestimmten Produkten möglich (Bücher, Zigaretten, verschreibungspflichtige Arzneimittel). Die Möglichkeiten der legalen Preisbeeinflussung der Händler durch die Hersteller beschränken sich daher in erster Linie auf unverbindliche Preisempfehlungen.

Unverbindliche Preisempfehlungen werden von Händlern oft genutzt, um den Eindruck der Preisgünstigkeit zu erwecken, indem sie mit ihren Verkaufspreisen die UVP des Herstellers unterbieten.

# So trainiere ich für die Prüfung

## Aufgaben

## 1. Wissensfragen

### 1.1 Lernfragen

1. Nennen Sie vier Faktoren, die die Preisgestaltung eines Produktes beeinflussen können.
2. Erläutern Sie, was unter der Preisstrategie „Skimming“ zu verstehen ist.
3. Nennen Sie neben der Skimmingstrategie noch drei weitere Preisstrategien.
4. Führen Sie vier Kriterien auf, nach denen eine Preisdifferenzierung erfolgen kann.
5. Nennen Sie drei konkrete Maßnahmen der Preisgestaltung, mit deren Hilfe eine Preisdifferenzierung durchgeführt werden kann.
6. Erklären Sie, warum die Anwendung der traditionellen Zuschlagskalkulation für die Preisermittlung auf einem Käufermarkt ein Problem ist.
7. Geben Sie an, welche Größe die langfristige und welche Größe die kurzfristige Preisuntergrenze bei der Preiskalkulation darstellen.
8. Erklären Sie, wo und warum die Festlegung gebrochener Preise sinnvoll sein kann.
9. Führen Sie eine preispolitische Maßnahme an, die nach dem „Gesetz gegen den unlauteren Wettbewerb (UWG)“ verboten ist.

### 1.2 Mehrfachauswahl

1. In welchem Fall handelt es sich nicht um eine preispolitische Maßnahme?

   a) räumliche Preisdifferenzierung
   b) laterale Diversifikation
   c) Einführung eines neuen Rabattsystems
   d) unverbindliche Preisempfehlung des Herstellers
   e) Einführung eines neuen Kalkulationsschemas für die Angebotskalkulation.

**2.** Ordnen Sie folgende Fälle der entsprechenden Preisstrategie zu.

| Fall | Promotions-preisstrategie | Prämien-preisstrategie | Abschöpfungs-strategie | Penetrations-preisstrategie |
|---|---|---|---|---|
| a) Eine Automarke, die traditionell für ihre hohe Qualität bekannt ist, liegt mit allen ihren Modellen deutlich über dem Preis anderer Automarken der gleichen Fahrzeugklasse. | | | | |
| b) Ein Telekommunikationsunternehmen wirbt Neukunden mit niedrigen Flatrate-Preisen. In den nächsten Jahren erfolgt in mehreren Schritten eine Preiserhöhung. | | | | |
| c) Die Philosophie eines Möbelherstellers besteht darin, ein breites Sortiment an Möbeln zu dauerhaft niedrigen Preisen anzubieten. | | | | |
| d) Ein Hersteller von Mobilfunkgeräten bringt ein neues Handy auf den Markt, das über eine neuartige Internettechnologie verfügt und sehr teuer ist. Zunehmende Konkurrenz zwingt den Anbieter später jedoch zu einer schrittweisen Preissenkung. | | | | |

**3.** Welche Art von Preisdifferenzierung liegt jeweils vor?

| Maßnahmen | personell | mengenmäßig | zeitlich | räumlich | sachlich |
|---|---|---|---|---|---|
| a) Ein Stromversorger bietet seinen Kunden einen Ökostrom-Tarif an. | | | | | |
| b) Ein Baustoffhersteller verlangt bis zu einer bestimmten Abnahmemenge einen Mindermengenzuschlag. | | | | | |
| c) Ein Mobilfunkunternehmen führt einen speziellen Tarif für Studenten ein. | | | | | |
| d) Ein Kosmetikartikelhersteller gewährt Händlern in Frankreich einen höheren Rabatt als Händlern in Deutschland. | | | | | |
| e) Ein Internetanbieter bietet einen Sommertarif an, bei dem die Kosten pro Minute um 20 % niedriger sind als in den übrigen Monaten. | | | | | |

**4.** Welche Aussage zur Kalkulation von Verkaufspreisen ist richtig?

a) Die progressive Zuschlagskalkulation geht vom Marktpreis aus und leitet daraus die Zielkosten ab.
b) Mithilfe einer retrograden Zuschlagskalkulation lässt sich ausgehend von den Selbstkosten der Listenverkaufspreis von Produkten ermitteln.
c) Marktorientierte Kalkulationsverfahren ermitteln den Marktpreis von Produkten auf Basis der Selbstkosten.
d) Marktorientierte Kalkulationsverfahren erfolgen immer als Teilkostenrechnung.
e) Mithilfe der Teilkostenrechnung kann die kurzfristige Preisuntergrenze für ein Produkt ermittelt werden.

**5.** Ordnen Sie zu, gegen welches Gesetz die folgenden preispolitischen Maßnahmen verstoßen.

| **Maßnahmen** | **BGB** | **UWG** | **GWB** | **Kein Verstoß** |
|---|---|---|---|---|
| a) Ein Sportartikelhersteller wirbt in seinem Online-Shop mit Preisnachlässen, obwohl sich für die Kunden in Wirklichkeit kein Preisvorteil ergibt. | | | | |
| b) Ein Finanzdienstleister nutzt die Unerfahrenheit eines Existenzgründers aus, um mit ihm einen Kreditvertrag zu völlig überhöhten Zinssätzen abzuschließen. | | | | |
| c) Mehrere Bauunternehmen sprechen im Vorfeld miteinander ab, zu welchen Preisen sie bei öffentlichen Ausschreibungen anbieten. | | | | |
| d) Ein Textilunternehmen startet im Februar einen Räumungsverkauf mit bis zu 50 % Rabatt auf Wintertextilien. | | | | |
| e) Ein marktbeherrschender Computerhersteller gibt Händlern einen hohen Rabatt, sofern sie sich verpflichten, keine Produkte von Konkurrenzunternehmen in ihr Sortiment aufzunehmen. | | | | |
| f) Ein marktbeherrschender Hersteller von Kontaktlinsen gibt eine unverbindliche Preisempfehlung für seine Produkte an die Händler heraus. | | | | |
| g) Ein marktbeherrschender Hersteller von Hörgeräten belegt Hörgeräteakustiker mit einer Liefersperre, sofern diese seine unverbindliche Preisempfehlung mit ihren Wiederverkaufspreisen unterschreiten. | | | | |

**6.** Welche Aussagen zur Preisbindung sind richtig?

a) Den Verkaufspreis für Zigaretten bestimmt in Deutschland der Staat.

b) Für Alkohol erlaubt das Gesetz eine Preisbindung der Händler durch die Hersteller.

c) Eine vertikale Preisbindung existiert in Deutschland ausschließlich bei Büchern.

d) Verpflichtet der Hersteller den Händler vertraglich zur Einhaltung eines bestimmten Preises, spricht man von horizontaler Preisbindung.

e) Das Buchpreisbindungsgesetz verpflichtet die Buchhändler in Deutschland, den vom Verlag festgelegten Preis für ein Buch beim Verkauf an die Endkunden einzuhalten.

f) In Deutschland unterliegen alle Medikamente gemäß der Arzneimittelpreisverordnung einer Preisbindung durch die Hersteller.

g) Unverbindliche Preisempfehlungen des Herstellers sind in Deutschland grundsätzlich verboten.

h) Unverbindliche Preisempfehlungen des Herstellers sind in Deutschland grundsätzlich erlaubt, stellen für die Händler jedoch keine rechtliche Verpflichtung zur Einhaltung eines bestimmten Preises dar.

## 2. Fallsituation

Die Optika AG, ein Hersteller von optischen Messgeräten, hat das neue Messgerät „Optika FX 3D" mit einem berührungslosen 3D-Messsystem für die Formvermessung entwickelt. Dabei handelt es sich um eine Marktinnovation, da bis jetzt noch kein Konkurrenzunternehmen über ein technologisch vergleichbares Messsystem verfügt. Allerdings entwickeln einige andere Unternehmen der Branche zurzeit ähnliche Messgeräte, die sie in den nächsten Jahren auf den Markt bringen wollen. Die Marke Optika ist für ihre hohe Qualität bekannt und ist in Deutschland Marktführer im Bereich der optischen Messgeräte. Viele Industriekunden warten bereits gespannt auf die Einführung des neuartigen Messgerätes. Bei der Markteinführung stellt sich die Frage, zu welchem Preis das Produkt angeboten werden soll. Der Lebenszyklus der Optika-Produkte beträgt durchschnittlich ca. drei Jahre. Danach werden die Produkte entweder vom Markt genommen oder weiterentwickelt, da der technologische Fortschritt in der Branche eine hohe Geschwindigkeit aufweist.

**a)** Welche Preisstrategie würden Sie für das Messgerät „Optika FX 3D" vorschlagen? Begründen Sie Ihre Entscheidung.

**b)** Sie sollen den Listenverkaufspreis für das Messgerät „Optika FX 3D" nach der progressiven Zuschlagskalkulation kalkulieren. Führen Sie ein Argument an, das in diesem Fall für die Anwendung der progressiven Zuschlagskalkulation als Kalkulationsmethode spricht.

**c)** Für die Zuschlagskalkulation stehen Ihnen folgende Daten zur Verfügung:

| | | | |
|---|---|---|---|
| Herstellkosten pro Stück | 12.200 € | Rabatt | 10 % |
| SEK Vertrieb | 100 € | Skonto | 2 % |
| Verwaltungs-GK | 6 % | Gewinn | 20 % |
| Vertriebs-GK | 4 % | Vertreterprovision | 10 % |

Ermitteln Sie den Listenverkaufspreis für das Messgerät „Optika FX 3D" in Form eines übersichtlichen Kalkulationsschemas.

**d)** Nach einem Jahr haben zwei Konkurrenzunternehmen gleichartige Messgeräte zu niedrigeren Preisen auf den Markt gebracht. Die Optika AG sieht sich daher gezwungen, den Preis für das Produkt „Optika FX 3D“ anzupassen. Der neue Listenverkaufspreis für das Messgerät soll nun 17.800 € betragen. Kalkulieren Sie den verbleibenden Gewinn in Prozent, wenn sich an den Kosten sowie den Provisions-, Rabatt- und Skontosätzen nichts ändert. (Rechenweg)

**e)** 24 Monate nach Markteinführung von „Optika FX 3D“ haben die Optika AG selbst sowie ein Konkurrenzunternehmen bereits modernere Messsysteme auf den Markt gebracht. Viele Kunden haben zwar immer noch Interesse an „Optika FX 3D“, sind jedoch nicht mehr bereit, den von der Optika AG geforderten Preis zu bezahlen. Die Preisvorstellungen der Kunden liegen teilweise sogar unterhalb der Selbstkosten für „Optika FX 3D“. Die Vertriebsleitung der Optika AG überlegt daher, wie weit der Preis unter diesen Umständen maximal gesenkt werden kann.

Zusätzlich zu den bisher bekannten Kalkulationsdaten erhalten Sie hierfür noch folgende Informationen: Die variablen Kosten für „Optika FX 3D“ pro Jahr belaufen sich insgesamt auf 10.640.000 €. Es werden pro Jahr 1.400 Stück produziert und verkauft.

Geben Sie die kurzfristige Preisuntergrenze für das Produkt „Optika FX 3D“ an. Begründen Sie Ihre Entscheidung unter kostenrechnerischen Gesichtspunkten.

**f)** Die Optika AG möchte ihre Produkte von nun an auch verstärkt auf ausländischen Märkten anbieten, u. a. auch im arabischen Raum. Gemäß den Erfahrungen, die Handelsvertreter dort gesammelt haben, wird im arabischen Raum gerne „gefeilscht“, sodass hohe Preisnachlässe gegenüber arabischen Kunden an der Tagesordnung sind. Schlagen Sie eine konkrete preispolitische Maßnahme vor, mithilfe derer Sie dieser Tatsache Rechnung tragen könnten, ohne dass sich dadurch die Gewinnaussichten für die Optika AG verschlechtern.

**g)** Die Optika AG hat im Bereich der optischen Messgeräte in Deutschland einen Marktanteil von knapp über 50 %. Allerdings nehmen mehrere kleinere Konkurrenzunternehmen der Optika AG immer mehr Marktanteile weg. Der Vertriebsleiter beruft nun eine Sitzung ein, in der Maßnahmen zur Stärkung der eigenen Marktposition erarbeitet werden sollen.

Ein Vertriebsmitarbeiter hat dabei folgende Idee: „Wir bieten unsere Produkte eine Zeit lang unterhalb unserer eigentlichen Preisuntergrenze an, damit die Kunden nicht mehr bei der Konkurrenz kaufen. Da unsere kleinen Konkurrenten einen solchen Preiskampf nicht lange durchhalten würden, wären wir dann ganz schnell die Einzigen auf dem Markt.“ Beurteilen Sie diesen Vorschlag unter rechtlichen Gesichtspunkten.

# Lösungen

## 1. Wissensfragen

### 1.1 Lernfragen

**1.** Z. B. Wettbewerbsumfeld, Qualität des Produktes, Preisbewusstsein der Kunden, Selbstkosten

**2.** Skimming = Abschöpfungsstrategie. Ein Produkt wird mit einem hohen Preis am Markt eingeführt. Der hohe Preis wird gehalten, solange die Kunden bereit sind, diesen zu zahlen und später bei Bedarf schrittweise gesenkt.

**3.** Promotionspreisstrategie, Prämienpreisstrategie, Penetrationspreisstrategie

**4.** Z. B. sachlich, personell, räumlich, mengenmäßig, zeitlich

**5.** Z. B. Rabatte, Boni, Skonti

**6.** Bei der traditionellen Zuschlagskalkulation wird davon ausgegangen, dass die Selbstkosten für das Produkt gegeben sind. Mithilfe von prozentualen Zuschlägen auf die Selbstkosten wird dann der Verkaufspreis des Produkts ermittelt. Auf einem Käufermarkt ist der Preis für die Produkte jedoch meist vom Markt vorgegeben. Die Kalkulation müsste demnach vom Marktpreis ausgehen.

**7.** langfristige Preisuntergrenze = Selbstkosten pro Stück
kurzfristige Preisuntergrenze = variable Stückkosten

**8.** Gebrochene Preise kommen vor allem in Branchen vor, die an den Endverbraucher verkaufen (z. B. Einzelhandel). Die Preise werden dabei i. d. R. knapp unterhalb wichtiger Preisschwellen angesetzt, da dies von den Verbrauchern subjektiv als Preisvorteil wahrgenommen wird.

**9.** Z. B.: Im Rahmen einer Verkaufsförderungsmaßnahme wirbt ein Unternehmen mit einem besonderen Preisnachlass, der jedoch in Wirklichkeit nicht gegeben ist. (§ 5 UWG)

### 1.2 Mehrfachauswahl

**1. b**

Laterale Diversifikation ist eine Maßnahme aus der Produkt- und Sortimentspolitik.

2.

| Fall | Promotions-preisstrategie | Prämien-preisstrategie | Abschöpfungs-strategie | Penetrations-preisstrategie |
|---|---|---|---|---|
| a) Eine Automarke, die traditionell für ihre hohe Qualität bekannt ist, liegt mit allen ihren Modellen deutlich über dem Preis anderer Automarken der gleichen Fahrzeugklasse. | | x | | |
| b) Ein Telekommunikationsunternehmen wirbt Neukunden mit niedrigen Flatrate-Preisen. In den nächsten Jahren erfolgt in mehreren Schritten eine Preiserhöhung. | | | | x |
| c) Die Philosophie eines Möbelherstellers besteht darin, ein breites Sortiment an Möbeln zu dauerhaft niedrigen Preisen anzubieten. | x | | | |
| d) Ein Hersteller von Mobilfunkgeräten bringt ein neues Handy auf den Markt, das über eine neuartige Internettechnologie verfügt und sehr teuer ist. Zunehmende Konkurrenz zwingt den Anbieter später jedoch zu einer schrittweisen Preissenkung. | | | x | |

3.

| Maßnahmen | perso-nell | mengen-mäßig | zeit-lich | räum-lich | sach-lich |
|---|---|---|---|---|---|
| a) Ein Stromversorger bietet seinen Kunden einen Ökostrom-Tarif an. | | | | | x |
| b) Ein Baustoffhersteller verlangt bis zu einer bestimmten Abnahmemenge einen Mindermengenzuschlag. | | x | | | |
| c) Ein Mobilfunkunternehmen führt einen speziellen Tarif für Studenten ein. | x | | | | |
| d) Ein Kosmetikartikelhersteller gewährt Händlern in Frankreich einen höheren Rabatt als Händlern in Deutschland. | | | | x | |
| e) Ein Internetanbieter bietet einen Sommertarif an, bei dem die Kosten pro Minute um 20 % niedriger sind als in den übrigen Monaten. | | | x | | |

**4. e**

Für die Ermittlung der kurzfristigen Preisuntergrenze sind die variablen Stückkosten maßgebend, die aus der Teilkostenrechnung hervorgehen.

d) Die Teilkostenrechnung kann zwar als marktorientiertes Kalkulationsverfahren eingesetzt werden, umgekehrt muss jedoch eine marktorientierte Kalkulation nicht zwingend eine Teilkostenrechnung sein (z. B. Zielkostenrechnung auf Vollkostenbasis).

**5.**

| Maßnahmen | BGB | UWG | GWB | Kein Verstoß |
|---|---|---|---|---|
| a) Ein Sportartikelhersteller wirbt in seinem Online-Shop mit Preisnachlässen, obwohl sich für die Kunden in Wirklichkeit kein Preisvorteil ergibt. | | x (Irreführung) | | |
| b) Ein Finanzdienstleister nutzt die Unerfahrenheit eines Existenzgründers aus, um mit ihm einen Kreditvertrag zu völlig überhöhten Zinssätzen abzuschließen. | x (Wucher) | | | |
| c) Mehrere Bauunternehmen sprechen im Vorfeld miteinander ab, zu welchen Preisen sie bei öffentlichen Ausschreibungen anbieten. | | | x (Kartell) | |
| d) Ein Textilunternehmen startet im Februar einen Räumungsverkauf mit bis zu 50 % Rabatt auf Wintertextilien. | | | | x |
| e) Ein marktbeherrschender Computerhersteller gibt Händlern einen hohen Rabatt, sofern sie sich verpflichten, keine Produkte von Konkurrenzunternehmen in ihr Sortiment aufzunehmen. | | | x (Missbrauch einer marktbeherrschenden Stellung) | |
| f) Ein marktbeherrschender Hersteller von Kontaktlinsen gibt eine unverbindliche Preisempfehlung für seine Produkte an die Händler heraus. | | | | x |
| g) Ein marktbeherrschender Hersteller von Hörgeräten belegt Hörgeräteakustiker mit einer Liefersperre, sofern diese seine unverbindliche Preisempfehlung mit ihren Wiederverkaufspreisen unterschreiten. | | | x (siehe e)) | |

**6. e, h**

a) Der Staat regelt zwar im Tabaksteuergesetz die Preisbindung, den Preis für die Tabakwaren bestimmt jedoch der Hersteller.

c) Preisbindung auch bei Tabakwaren und rezeptpflichtigen Arzneimitteln

d) vertikale Preisbindung

f) nur rezeptpflichtige Medikamente

## 2. Fallsituation

A

**a)**

Abschöpfungsstrategie: Die Marktführerschaft, das Qualitätsimage, das starke Interesse der Industriekunden und die Tatsache, dass die Optika AG mit ihrer neuen Technologie noch konkurrenzlos ist, ermöglichen einen hohen Einführungspreis für das neue Messgerät. Der rasche technologische Fortschritt lässt neue Produkte jedoch schnell veralten, sodass sich der hohe Einführungspreis für das Messgerät voraussichtlich nicht halten lässt. Sobald Konkurrenzunternehmen technologisch gleichwertige Geräte anbieten oder es auf dem Markt noch modernere Geräte gibt, wird die Optika AG den Preis für das neue Messgerät senken müssen.

C

**b)**

Da es sich um eine neuartige Technologie handelt und derzeit keine vergleichbaren Konkurrenzprodukte auf dem Markt sind, ist der Marktpreis noch nicht vorgegeben. Die Optika AG kann deshalb ausgehend von den Kosten für das Produkt über Zuschlagssätze den Listenverkaufspreis ermitteln.

**c)**

| | | |
|---|---|---|
| Herstellkosten | | 12.200,00 |
| Verwaltungsgemeinkosten | 6 % | 732,00 |
| Vertriebsgemeinkosten | 4 % | 488,00 |
| SEK des Vertriebs | | 100,00 |
| Selbstkosten | | 13.520,00 |
| Gewinn | 20 % | 2.704,00 |
| Barverkaufspreis | | 16.224,00 |
| Skonto | 2 % | 368,73 |
| Vertreterprovision | 10 % | 1.843,64 |
| Zielverkaufspreis | | 18.436,37 |
| Rabatt | 10 % | 2.048,48 |
| Listenverkaufspreis | | **20.484,85** |

**d)**

| | | |
|---|---|---|
| Selbstkosten | | 13.520,00 |
| Gewinn | 4,27 % | 577,60 |
| Barverkaufspreis | | 14.097,60 |
| Skonto | 2 % | 320,40 |
| Vertreterprovision | 10 % | 1.602,00 |
| Zielverkaufspreis | | 16.020,00 |
| Rabatt | 10 % | 1.780,00 |
| Listenverkaufspreis | | 17.800,00 |

**e)**

Kurzfristige Preisuntergrenze: 7.600 € pro Stück (variable Stückkosten)

Berechnung: 10.640.000 € : 1.400 Stück = 7.600 € **D**

Begründung: Dass der Preis unterhalb der Selbstkosten (13.520 € pro Stück) liegt, kann kurzfristig in Kauf genommen werden. Solange der Preis unterhalb der Selbstkosten, aber noch oberhalb der variablen Stückkosten liegt, wird zumindest noch ein positiver Deckungsbeitrag erwirtschaftet und der Verlust somit reduziert. Allerdings sollte der Preis die variablen Stückkosten nicht unterschreiten, da sonst jedes zusätzliche Stück einen negativen Deckungsbeitrag erbringt und somit den Verlust steigert.

**f)**

Vorschlag: räumliche Preisdifferenzierung

Die Optika AG erstellt eine eigene Preisliste speziell für die arabischen Länder. In dieser Preisliste sind die Listenverkaufspreise generell höher als z. B. in der Preisliste für das Inland, damit ein höherer Spielraum für Preisnachlässe bleibt. **B**

**g)**

Diese Vorgehensweise stellt einen Verstoß gegen das Gesetz gegen Wettbewerbsbeschränkungen (GWB) dar, da die Optika AG ihre marktbeherrschende Stellung missbrauchen würde, um andere Anbieter vom Markt zu drängen. Das von dem Vertriebsmitarbeiter vorgeschlagene Preis-Dumping würde zu einer monopolartigen Stellung der Optika AG und damit zu einer Ausschaltung des Wettbewerbs führen. Als Monopolist könnte die Optika AG ihre Preise dann wieder anheben, was zulasten der Kunden und damit indirekt auch zulasten der Verbraucher gehen würde. **E**

# 3. Kommunikationspolitik

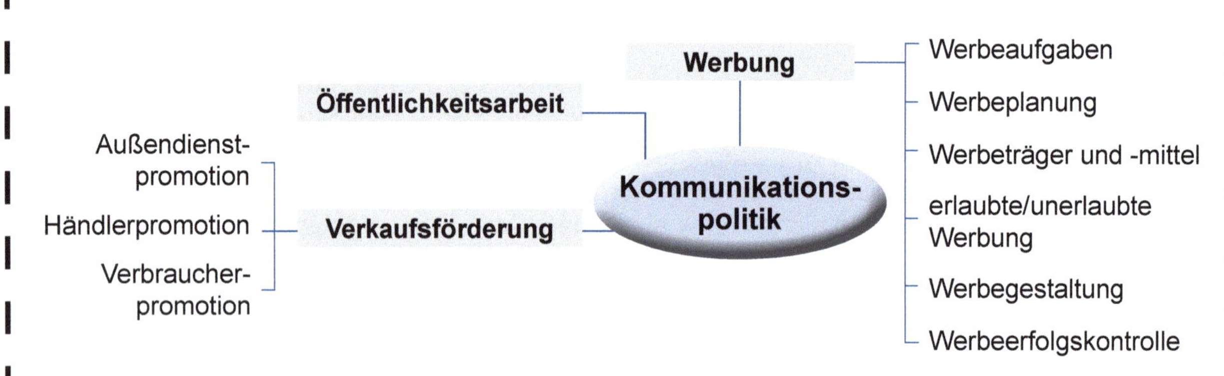


## Was muss ich für die Prüfung wissen?

### 3.1 Grundlagen der Kommunikationspolitik

Unter Kommunikationspolitik versteht man im Marketing alle Maßnahmen des Unternehmens, die darauf gerichtet sind, Informationen über das Unternehmen und dessen Angebot an die Marktteilnehmer (insbesondere die Kunden) zu vermitteln und diese im Hinblick auf die Erreichung der Marketingziele zu beeinflussen.

Die verschiedenen Maßnahmen der Kommunikationspolitik müssen aufeinander abgestimmt sein und zu der gewählten Marketingstrategie sowie den Marketingzielen passen. Man spricht in diesem Zusammenhang von Kommunikations-Mix.

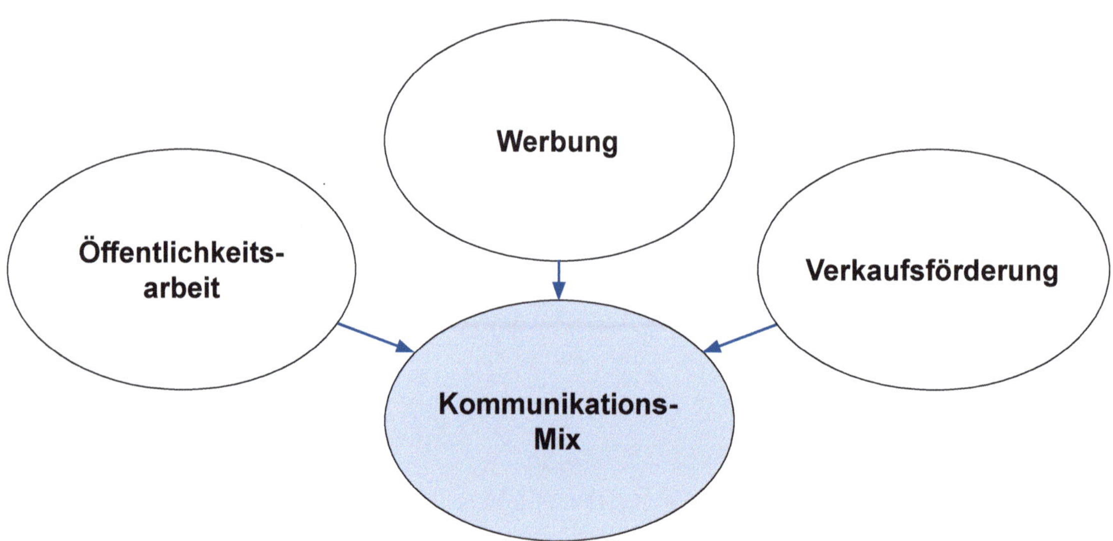


**Hinweis:** Oft wird neben Öffentlichkeitsarbeit, Werbung und Verkaufsförderung auch noch der „persönliche Verkauf" als vierte Komponente der Kommunikationspolitik betrachtet. Der persönliche Verkauf (z. B. durch Handelsreisende bzw. Außendienstmitarbeiter) wird in diesem Modul in Kapitel 4.3 bei den Absatzorganen ausführlich abgedeckt.

Erhebliche Unterschiede gibt es in der Kommunikationspolitik für Konsumgüter und Investitionsgüter. Der Konsumgüterbereich mit seiner unüberschaubar großen Zahl potenzieller Kunden macht den Einsatz von Massenmedien erforderlich. Investitionsgüter mit ihrer sehr kleinen Zielgruppe und dem hohen produktspezifi schen Erklärungsbedarf eignen sich weniger für Massenwerbung. Hier muss nach anderen Kommunikationsmöglichkeiten gesucht werden (z. B. persönlicher Verkauf).

## 3.2 Öffentlichkeitsarbeit (Public Relations – PR)

Aufgabe der Öffentlichkeitsarbeit ist es, Vertrauen und ein positives Image des Unternehmens in der Öffentlichkeit aufzubauen bzw. zu erhalten und so indirekt auch den Absatz zu fördern.

Instrumente der Öffentlichkeitsarbeit sind u. a.:

- Pressemitteilungen und Pressekonferenzen (z. B. Bilanzpressekonferenzen)
- Sponsoring (z. B. von kulturellen oder sportlichen Veranstaltungen)
- soziales Engagement (z. B. Hilfe für Opfer von Naturkatastrophen, Bau von Kindergärten etc.)
- PR-Veranstaltungen (z. B. Tag der offenen Tür, Inszenierung von Hauptversammlungen, Messeauftritte etc.).

## 3.3 Werbung

Werbung soll eine Zielgruppe durch Einsatz geeigneter Medien dazu bewegen, Produkte eines Unternehmens zu kaufen und dadurch den Absatz nachhaltig fördern.

### a) Aufgaben der Werbung

Prinzipiell erfüllt Werbung zwei Hauptaufgaben:

1. **Bedarfsweckung:** Werbung soll aus Sicht des Werbenden dazu führen, dass die angebotenen Produkte nachgefragt werden. Die Kunden sollen in ihrer Kaufentscheidung durch die Werbung beeinflusst und zu einer Kaufhandlung animiert werden.

2. **Information:** Durch die Werbung werden die potenziellen Kunden über die Produkteigenschaften informiert (Preise, Qualität, Funktionalität, Service etc.). Insgesamt leistet die Werbung damit einen wichtigen Beitrag zur Marktübersicht.

### b) Grundsätze der Werbung

Eine erfolgreiche Werbemaßnahme sollte sich an folgenden Grundsätzen orientieren:

- **Wahrheit:** Die Werbung darf keine unrichtigen Angaben enthalten.
- **Klarheit:** Jede Werbemaßnahme muss sich von Werbebotschaften anderer Unternehmen deutlich abheben.
- **Wirksamkeit:** Werbung soll zur Erreichung eines bestimmten Zieles führen (z. B. Absatzsteigerung, Erhöhung des Bekanntheitsgrades einer Marke etc.).
- **Wirtschaftlichkeit:** Der Werbeerfolg soll in einem angemessenem Verhältnis zum Werbeaufwand stehen.

### c) Rechtliche Vorschriften zur Werbung

**Gesetz gegen den unlauteren Wettbewerb (UWG):** In Deutschland finden sich Regelungen zur Zulässigkeit von Werbemaßnahmen im UWG:

| UWG | Was ist verboten? | Beispiel: |
|---|---|---|
| § 4 Abs. 3 | Verschleierung des Werbecharakters geschäftlicher Handlungen | Eine Produktwerbung wird als wissenschaftliche Studie „getarnt“. |
| § 4 Abs. 7 | Verunglimpfung von Mitbewerbern | Ein Konkurrenzunternehmen wird als „Betrüger“ bezeichnet. |
| § 5a | Irreführende Werbung | Eine Werbung suggeriert einen Preisvorteil, der in Wirklichkeit gar nicht besteht. |
| § 6 | Vergleichende Werbung, die<br>• nicht objektiv ist<br>• Konkurrenten herabsetzt<br>• den Ruf von Konkurrenten ausnutzt<br>• Konkurrenten nachahmt. | • Ein Konkurrenzprodukt wird als „schlechter“ bezeichnet (nicht objektiv, nicht nachprüfbar).<br>• Der Slogan einer Konkurrenzwerbung wird kopiert. |
| § 7 | Unzumutbare Belästigungen:<br>Werbung per Telefon, Fax oder E-Mail, ohne Einwilligung des Empfängers | Eine Privatperson erhält Faxwerbung, ohne dies zu wünschen bzw. erlaubt zu haben. |

**Schleichwerbung:** Erwähnung oder Darstellung von Waren oder Dienstleistungen eines Unternehmens in Programmen, wenn sie vom Veranstalter absichtlich zu Werbezwecken vorgesehen ist und die Allgemeinheit hinsichtlich des eigentlichen Zwecks dieser Erwähnung oder Darstellung irreführen kann. Schleichwerbung ist verboten.

**Product Placement:** Hinweis auf Waren oder Dienstleistungen, die aus dramaturgischen oder inhaltlichen Gründen unvermeidlich sind, in einem Programm. Product Placement ist erlaubt.

**Tabakwerbeverbot:** Tabakwerbung im Fernsehen, Hörfunk, Zeitungen, Zeitschriften und im Internet ist verboten. Das Verbot ist auf eine EU-Richtlinie zurückzuführen, die auf nationaler Basis umgesetzt werden muss.

### d) Wichtige Begriffe der Werbeplanung

| Begriffe | Bedeutung |
|---|---|
| **Werbeziel** | Was soll mit der Werbung konkret erreicht werden? |
| **Werbeobjekt** | Für welches Produkt (welche Leistung) soll geworben werden? |
| **Werbesubjekt** | Zielgruppe, die durch Werbung erreicht werden soll |
| **Werbeträger** | Über welche Medien soll die Werbung zur Zielgruppe gelangen? (Zeitung, Fernsehen, Radio etc.) |
| **Werbemittel** | Gegenstand, der die Werbebotschaft enthält (z. B. Werbespot, Zeitungsanzeige, Plakat etc.) |
| **Werbebudget** | Finanzielle Mittel, die für Werbemaßnahmen bereitgestellt werden |
| **Streugebiet** | Gebiet, in dem geworben wird |
| **Streuzeit** | Zeiten, zu denen geworben wird |
| **Streumenge** | Anzahl der eingesetzten Werbemittel (z. B. Anzahl der Plakate etc.) |
| **Zielgruppe** | Wer soll mit der Werbung erreicht werden? |

### e) Werbegestaltung

Bei der Werbegestaltung soll der potenzielle Kunde in mehreren Schritten zum Kauf des Prouktes bewegt werden. Die sog. **AIDA-Formel** unterscheidet diesbezüglich vier Stufen:

| Stufe | Ziel |
|---|---|
| **A**ttention | Der Betrachter/Zuhörer soll auf die Werbung aufmerksam werden. |
| **I**nterest | Das Interesse am Werbeobjekt (Produkt) soll geweckt werden. |
| **D**esire | Der Wunsch, das Produkt besitzen zu wollen, soll erzeugt werden. |
| **A**ction | Der potenzielle Kunde soll zu einer Kaufhandlung angeregt werden. |

### f) Werbeerfolgskontrolle

#### Kennzahlen für die Reichweite der Werbung

| Kennzahl | Bedeutung |
|---|---|
| **Quantitative Reichweite** | Wie viele Personen erreichen wir insgesamt mit der Werbeaktion? |
| **Qualitative Reichweite** | Wie viele Personen der Zielgruppe erreichen wir mit der Werbeaktion? |

#### Kennzahlen für die Wirtschaftlichkeit der Werbung

| Kennzahl | Formel | Bedeutung |
|---|---|---|
| **Werberendite** | $\frac{\text{Umsatzzuwachs}}{\text{Werbekosten}} \cdot 100\ \%$ | Wie stehen Umsatzzuwachs und Werbekosten miteinander im Verhältnis? |
| **Tausend-Kontakte-Preis** | $\frac{\text{Werbekosten}}{\text{Anzahl Kontakte}} \cdot 1.000\ \text{Kontakte}$ | Wie hoch sind die Werbekosten, die anfallen, um 1.000 Personen zu erreichen? |

## 3.4 Verkaufsförderung (Sales Promotion)

Unter Verkaufsförderung versteht man zeitlich befristete Aktionen, die durch unmittelbaren Kontakt zu den Marktteilnehmern zur Steigerung des Absatzes beitragen sollen.

Verkaufsförderungsmaßnahmen können sich an das eigene Vertriebspersonal (Verkäufer, Außendienst), Händler bzw. Absatzmittler oder die Verbraucher richten.

**Mögliche Maßnahmen der Verkaufsförderung:**

| Eigenes Vertriebspersonal | Händler/Absatzmittler | Verbraucher |
|---|---|---|
| • Schulungen<br>• Prospekte<br>• Verkaufsprämien<br>• Verkäuferwettbewerbe<br>• etc. | • Displaymaterial für Schaufenster und Verkaufsräume<br>• Beratung, Seminare, Schulungen<br>• Händlerwettbewerbe<br>• etc. | • Warenproben<br>• Gewinnspiele, Preisausschreiben<br>• Aktionspreise<br>• Zugaben<br>• etc. |

# Was erwartet mich in der Prüfung?

## 1. Das Lernlabyrinth

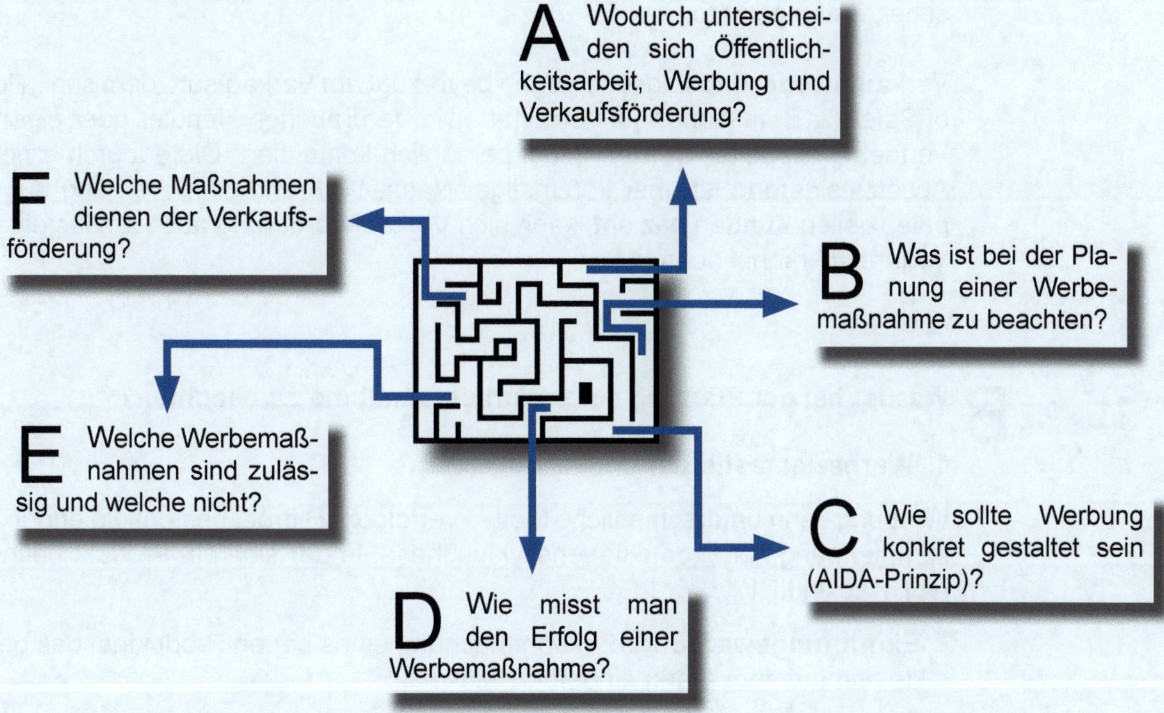


## 2. Wege aus dem Lernlabyrinth

### A Wodurch unterscheiden sich Öffentlichkeitsarbeit, Werbung und Verkaufsförderung?

Alle drei Kategorien der Kommunikationspolitik verfolgen das Ziel, den Absatz zu fördern, jedoch jeweils auf unterschiedliche Art und Weise:

**1. Unterschied: Öffentlichkeitsarbeit – Werbung:**

**Öffentlichkeitsarbeit** bezieht sich nicht auf bestimmte Produkte, sondern auf das Unternehmen als Ganzes. PR-Maßnahmen sollen indirekt über die Schaffung eines positiven Unternehmensimages bzw. einer Corporate Identity zur Erreichung der Absatzziele beitragen.

**Werbung** hingegen soll den Absatz bestimmter Produkte oder Produktgruppen gezielt fördern.

**2. Unterschied: Werbung – Verkaufsförderung:**

**Werbung** richtet sich an eine bestimmte Zielgruppe (potenzielle Kunden). Die Personen der Zielgruppe werden jedoch unpersönlich und in räumlicher Distanz zum Verkaufsort angesprochen. In der Regel setzt die Werbung hierfür auch Medien ein, die für die Massenkommunikation geeignet sind (z. B. Fernseher, Zeitungen etc.).

**Verkaufsförderung** findet hingegen bevorzugt am Verkaufsort, dem sog. „Point of Sale“ (z. B. in Supermärkten) statt. Die Verbraucher, Händler oder eigenen Vertriebsmitarbeiter werden dabei persönlich kontaktiert. Die dadurch erhoffte Absatzsteigerung ist eher kurzfristiger Natur. Während sich Werbung auf die potenziellen Kunden bezieht, kann sich Verkaufsförderung auch an das eigene Vertriebspersonal richten.

## B Was ist bei der Planung einer Werbemaßnahme zu beachten?

**1. Werbeziel festlegen**

Werbung kann unterschiedliche Motive verfolgen. Hierbei besteht ein enger Zusammenhang zur Produktlebenszyklusphase, in der sich ein Produkt befindet (vgl. Kapitel III.1).

- **Einführungswerbung:** Bekanntmachung eines neuen Produktes, das gerade erst auf dem Markt eingeführt wird
- **Abgrenzungswerbung:** Betonung der Unterschiede zu Konkurrenzprodukten
- **Erinnerungswerbung (Erhaltungswerbung):** Erhaltung und Sicherung des Absatzes für ein Produkt, das sich schon länger auf dem Markt befindet.

Quantifizierbare Messgrößen konkretisieren die Zielsetzungen.

**Beispiel:**
Ein neues Mountainbike-Modell soll auf dem Markt bekannt gemacht werden. Es soll den jährlichen Absatz des Vorgängermodells um 10 % übertreffen.

**2. Zielgruppe festlegen**

Zielgruppen können u. a. nach folgenden Merkmalen selektiert werden:

- Geschlecht
- Alter
- Einkommen
- Beruf
- Hobbys und Freizeitgewohnheiten
- etc.

**Beispiel:**
Bei dem neuen Mountainbike handelt es sich um ein sehr sportliches Modell. Die Werbung soll daher bevorzugt jüngere und sportlich orientierte Freizeitmountainbiker mit hoher Kaufkraft ansprechen.

### 3. Werbebudget einplanen

In der Regel steht für eine Werbemaßnahme nur ein begrenztes Budget zur Verfügung. Dieses Budget ist bereits in der Planungsphase genau zu beachten, da sich viele weitere Entscheidungen nach den vorhandenen finanziellen Mitteln richten müssen. Vor der eigentlichen Durchführung der Werbemaßnahme ist genau zu kalkulieren, ob das Budget für das geplante Vorhaben ausreicht.

**Beispiel:**
Der Mountainbike-Hersteller hat für die Werbekampagne nur ein geringes Budget zur Verfügung. Damit ist klar, dass besonders kostspielige Werbeträger (z. B. Fernsehwerbung) nicht infrage kommen und nach preiswerteren Alternativen gesucht werden muss.

### 4. Werbeträger und Werbemittel auswählen

Im Hinblick auf die Auswahl der Werbeträger und Werbemittel sind u. a. folgende Fragen zu klären:

- Erreiche ich damit die Zielgruppe?
- Ist die Werbung wirtschaftlich?
- Reicht das Budget?
- Bestehen evtl. gesetzliche Verbote und Einschränkungen? (z. B. keine Tabakwerbung im Fernsehen)

**Wirtschaftlichkeit der Werbung beachten!**
Mit Massenmedien wie Fernsehen, Hörfunk oder Zeitungen mit hoher Auflage erreicht man zwar sehr viele Personen. Allerdings ist zu berücksichtigen, dass ein erheblicher Teil dieser Personen gar nicht zur Zielgruppe gehört, sodass große „Streuverluste“ entstehen, welche die Effizienz der Werbung schmälern.

**Mediadaten nutzen!**
Verlage, Fernseh- und Hörfunksender veröffentlichen auf ihrer Homepage in der Regel Mediadaten. Diese geben potenziellen Werbekunden nützliche Informationen über Verbreitung, Auflage, Einschaltquoten, Preise, Leser-/Zuschauer-/Hörerzahlen und -strukturen etc.

**Beispiel:**
Fernsehwerbung und andere Massenmedien scheiden aufgrund des begrenzten Budgets und der geringen Effizienz (Streuverluste!) für den Mountainbike-Hersteller aus. Dieser entschließt sich deshalb zu einer Werbeanzeige in einer Fachzeitschrift, mit der sich die spezielle Gruppe der sportlich ambitionierten Freizeit-Mountainbiker mit überdurchschnittlichem Einkommen gezielt erreichen lässt.

### 5. Streugebiet, Streuzeit und Streumenge festlegen

Nachdem Werbemittel und Werbeträger feststehen, muss noch entschieden werden,

- in welchem Gebiet
- zu welcher Zeit und
- in welcher Häufigkeit

die Werbung erfolgen soll.

Streugebiet, Streuzeit und Streumenge müssen dabei auf die Zielgruppe abgestimmt werden, um unnötige Streuverluste zu vermeiden.

**Beispiel:**
Fahrräder werden bevorzugt im Frühjahr gekauft. Die Werbeanzeige für das neue Mountainbike wird daher von Februar bis einschließlich Mai in jeder Ausgabe der Fachzeitschrift für Mountainbiker geschaltet. Die Zeitschrift erscheint jeweils zu Monatsbeginn deutschlandweit mit einer Auflage von 100.000 Exemplaren.

Bei Fernseh- oder Hörfunkwerbung hat die Streuzeit eine noch wesentlich größere Bedeutung als bei Printmedien, da berücksichtigt werden muss, zu welcher Tageszeit man die Aufmerksamkeit der Zielgruppe am besten erreicht.

Mediadaten der Fernsehsender oder Studien bzw. Panels von Marktforschungsunternehmen geben Auskunft über die Fernsehgewohnheiten unterschiedlicher Zielgruppen.

## C Wie sollte Werbung konkret gestaltet sein (AIDA-Prinzip)?

Es geht darum, das Werbemittel (TV-Spot, Werbeanzeige etc.) so zu gestalten, dass dadurch möglichst viele Leser/Zuschauer/Hörer zum Kauf des Produktes animiert werden. Die AIDA-Formel bietet hierbei eine psychologische Hilfestellung.

**Beispiel:**
Die Werbeanzeige für eine Fachzeitschrift wird von einer professionellen Werbeagentur nach dem AIDA-Prinzip entwickelt.

| Stufe | Umsetzung | Erhoffte Wirkung |
|---|---|---|
| **A**ttention | Im Zentrum des Bildes erscheint ein neonfarbenes Mountainbike, das sich vom dunklen Hintergrund auffällig abhebt. | Blickfang (Eye-Catcher): Dem Leser sticht beim Durchblättern der Zeitschrift das neonfarbene Fahrrad sofort ins Auge. Er wird auf die Werbeanzeige aufmerksam. |
| **I**nterest | Das Fahrrad in der Anzeige fährt einen extrem steilen Berg im hochalpinen Gelände hinauf. Der Fahrer wirkt trotzdem entspannt. | Der Leser beginnt sich näher für das abgebildete Fahrradmodell zu interessieren. |
| **D**esire | Im Text wird mit einer „einzigartigen Leichtigkeit“ des Fahrradmodells geworben. | Im Leser wird der Wunsch geweckt, dieses außergewöhnliche Fahrrad haben zu wollen. |
| **A**ction | In der Anzeige ist die Internet-Adresse des Online-Shops des Fahrradherstellers abgedruckt. | Der Leser soll animiert werden, das Fahrrad über den Online-Shop zu bestellen. |

## D Wie misst man den Erfolg einer Werbemaßnahme?

### 1. Wie viele potenzielle Kunden erreiche ich mit der Werbung?

**Beispiel:**
Die Mountainbike-Fachzeitschrift hat eine Auflage von 100.000 Exemplaren. Schätzungen gehen davon aus, dass ein Exemplar durchschnittlich von drei Personen gelesen wird.

**Berechnung der quantitativen Reichweite:**

100.000 Stück · 3 Leser/Stück = 300.000 Leser

⇒ Insgesamt erreicht die Werbeanzeige in der Fachzeitschrift 300.000 Personen.

Die quantitative Reichweite gibt keinen Aufschluss darüber, inwieweit die Zielgruppe erreicht wurde. Der Anteil der Zielgruppe an den Lesern muss daher noch berücksichtigt werden.

**Beispiel:**
Aus den Mediadaten der Fachzeitschrift geht hervor, dass 60 % der Leser zur Zielgruppe der einkommensstarken und sportlich orientierten Mountainbiker gehören.

**Berechnung der qualitativen Reichweite:**

300.000 Leser · 60 % = 180.000 Personen

⇒ Insgesamt erreicht die Werbeanzeige in der Fachzeitschrift 180.000 Personen der gewünschten Zielgruppe.

### 2. Wie berechnet man die Wirtschaftlichkeit einer Werbemaßnahme?

Für die Wirtschaftlichkeit von Werbemaßnahmen existieren in der Praxis verschiedene Kennzahlen. In der Regel wird dabei der Werbenutzen zu den Werbekosten ins Verhältnis gesetzt. Unter Werbenutzen können Umsatzzuwächse, Absatzsteigerungen oder die Anzahl der zur Zielgruppe hergestellten Kontakte verstanden werden.

Welche Kennzahl jeweils zur Beurteilung der Wirtschaftlichkeit geeignet ist, hängt davon ab,

- welche Informationen jeweils zur Verfügung stehen und
- was die Kennzahl konkret zum Ausdruck bringen soll.

### a) Tausend-Kontakte-Preis

Der Tausend-Kontakte-Preis ist eine Messgröße, die die Anzahl der erreichten Kontakte ins Verhältnis zu den Kosten der Werbemaßnahme setzt. Er dient insbesondere dazu, bereits in der Planungsphase von Werbekampagnen den effizientesten Werbeträger zu ermitteln.

**Beispiel:**
Die Fachzeitschrift, für die sich der Mountainbike-Hersteller entschieden hat, weist folgende Mediadaten auf:

Monatliche Auflage: 100.000 Stück
Anteil der Zielgruppe: 60 %
Leser pro Exemplar: 3 (geschätzt)
Schaltkosten: 10.000 €

Tausend-Kontakte-Preis = (Werbekosten : Anzahl Kontakte) · 1.000 Kontakte
= (10.000 € : 180.000 Kontakte) · 1.000
= 55,56 € pro tausend Kontakte

⇒ Um 1.000 Kontakte zur Zielgruppe herzustellen, fallen Schaltkosten in Höhe von 55,56 € an.

Dieser Wert kann nun mit den Tausend-Kontakte-Preisen anderer Werbeträger verglichen werden.

Versuchen Sie möglichst viele der angegebenen Informationen sinnvoll zu verarbeiten.

In diesem Fall war z. B. auch der Anteil der Zielgruppe sowie die Anzahl der Leser angegeben. Fehlen diese beiden Informationen, kann der Tausend-Kontakte-Preis notfalls auch allein über die Auflage errechnet werden, wobei die Aussagekraft dadurch natürlich stark eingeschränkt wird.

Je niedriger der Tausend-Kontakte-Preis, umso effizienter ist der Werbeträger.

Möglich ist dadurch nicht nur eine Gegenüberstellung gleichartiger Werbeträger (z. B. verschiedene Zeitschriften), sondern auch ein Vergleich unterschiedlicher Medien (z. B. Zeitschriftenanzeige und Fernsehwerbung).

### b) Werberendite

Diese Kennzahl wird vor allem dann eingesetzt, wenn

- es darum geht, die Wirtschaftlichkeit der Werbemaßnahme im Nachhinein zu beurteilen und
- neben den Kosten der Werbemaßnahme auch die erforderlichen Umsatzzahlen gegeben sind.

**Beispiel:**
Die Umsatzstatistik für das neue Mountainbike-Modell liefert bezogen auf die Monate Februar - Mai folgende Zahlen:

| | |
|---|---|
| Erwarteter Umsatz ohne die Werbeanzeige: | 400.000 € |
| Tatsächlicher Umsatz mit erfolgter Werbeanzeige: | 600.000 € |
| Gesamtkosten der Werbemaßnahme im gleichen Zeitraum: | 80.000 € |

$$\text{Werberendite} = \frac{\text{Umsatzzuwachs}}{\text{Werbekosten}} \cdot 100\ \%$$

$$= \frac{200.000\ €}{80.000\ €} \cdot 100\ \% = 250\ \%$$

**Umsatz ist nicht gleich Gewinn.**
Lassen Sie sich von der hohen Werberendite nicht täuschen. Eine Werberendite über 100 % heißt nicht zwangsläufig, dass sich durch die Werbemaßnahme der Gewinn erhöht hat. Um die Auswirkung auf den Gewinn zu ermitteln, müsste man von den zusätzlichen Umsätzen noch die zusätzlichen Kosten (z. B. für Fertigungsmaterial, Fertigungslöhne etc.) abziehen.

In der Praxis besteht die Schwierigkeit oft darin, dass sich nur schwer beurteilen lässt, welcher Teil des Umsatzzuwachses auf die Werbung zurückzuführen ist und welcher auf andere Faktoren.

## E Welche Werbemaßnahmen sind zulässig und welche nicht?

### 1. Ist vergleichende Werbung erlaubt?

Prinzipiell kann man davon ausgehen, dass vergleichende Werbung erlaubt ist, sofern sie nicht gegen die Regelungen des UWG verstößt.

Bei vergleichender Werbung ist darauf zu achten, dass über die Mitbewerber und deren Produkte keine herabsetzenden, falschen bzw. nicht nachweisbaren Aussagen getroffen werden. Außerdem darf die Werbung auch keine Nachahmung von Konkurrenten beinhalten.

**Beispiel:**
Ein Autohersteller wirbt damit, dass er in der ADAC-Pannenstatistik auf Platz Nr. 1 liegt.

⇒ Sofern dies der Wahrheit entspricht, ist diese Werbeaussage erlaubt, da sie objektiv nachprüfbar ist.

**Beispiel:**
Ein Autohersteller wirbt damit, dass er „bessere" Autos baue als bestimmte „schlechtere" Konkurrenzunternehmen.

⇒ Diese Aussage ist zum einen nicht objektiv nachprüfbar und zum anderen werden Konkurrenzunternehmen herabgesetzt. Diese vergleichende Werbung ist daher nicht erlaubt.

**Aktualitätsproblem:** Es muss gewährleistet sein, dass die vergleichende Aussage zu dem Zeitpunkt, an dem die Werbung veröffentlicht wird, noch stimmt.

**Beispiel:**
Die Aussage „Wir sind billiger als ..." birgt die Gefahr, dass sie durch Preisänderungen der Konkurrenz schnell überholt wird, und dann nicht mehr den Tatsachen entspricht.

**Markenschutzrechte beachten!** Neben den Regelungen des UWG, die sich in erster Linie auf den Inhalt und den Zweck der Werbung beziehen, dürfen Markenschutzrechte von Konkurrenten nicht verletzt werden.

**Beispiel:**
Ein Autohersteller verwendet in einer vergleichenden Werbung ein geschütztes Logo einer fremden Automarke.

⇒ Unabhängig vom Inhalt der Werbung wird hier gegen den Markenschutz verstoßen.

**2. Worin liegt der Unterschied zwischen „Schleichwerbung" und Product Placement?**

Schleichwerbung ist in Deutschland grundsätzlich verboten, Product Placement ist hingegen grundsätzlich erlaubt.

Allerdings gestaltet sich die Abgrenzung von Product Placement zur Schleichwerbung in der Praxis oft sehr schwierig, da die Frage, ob ein Produkt z. B. für die Handlung eines Films erforderlich ist oder ob man auch darauf verzichten könnte, objektiv nur sehr schwer zu beantworten ist.

Nach aktuellem EU-Recht muss erlaubtes Product Placement mittlerweile nicht mehr zwangsläufig unentgeltlich sein.

Für Kinofilme, TV-Serien und -Filme, Sportsendungen und Unterhaltungssendungen ist Product Placement gegen Entgelt erlaubt. Ansonsten ist Product Placement nur als kostenfreie Requisitenbeistellung gestattet. Grundsätzliche Verbote herrschen für Tabakwaren und verschreibungspflichtige Arzneimittel sowie für die Produktbeistellung in Kindersendungen.

Product Placement gegen Entgelt ist jedoch an enge Bedingungen geknüpft:

- Die redaktionelle Unabhängigkeit muss bewahrt bleiben.
- Es darf keine direkte Kaufaufforderung oder eine unnötig starke Herausstellung des Produkts erfolgen.
- Es muss auf das Product Placement hingewiesen werden (bei Beginn, Ende oder Unterbrechung der Sendung).

**Beispiel:**
In einem Kriminalfilm ist in einer Verfolgungsjagd eine Automarke zu erkennen. Dies lässt sich kaum vermeiden, da die Verwendung von Autos hier der Lebenswirklichkeit entspricht.

⇒ Keine Schleichwerbung, sondern erlaubtes Product Placement.

**Beispiel:**
In einer Kindersendung konsumiert ein bekannter Schauspieler mehrmals pro Sendung in besonders genussvoller Weise ein Erfrischungsgetränk, dessen Marke groß auf dem Bildschirm zu erkennen ist.

⇒ Unzulässige Schleichwerbung, da es sich um eine Kindersendung handelt und das Produkt zudem noch unnötig stark herausgestellt wird.

## F Welche Maßnahmen dienen der Verkaufsförderung?

Verkaufsförderung ist zeitlich befristet. Die Maßnahmen sollen einen zusätzlichen „Absatzschub“ bewirken.

**Beispiel: Außendienstpromotion**
Ein Außendienstmitarbeiter erhält eine Schulung, um ein neues Produkt in Verkaufsgesprächen besser präsentieren zu können.

**Beispiel: Händlerpromotion**
Ein Hersteller stellt einem Supermarkt einen Verkaufsstand mit Informationsmaterial zu einem neuen Produkt und kostenlosen Produktproben zur Verfügung.

**Beispiel: Verbraucherpromotion**
Ein Hersteller versendet Preisausschreiben, in den ein neues Produkt angepriesen wird, an Privathaushalte.

**Keine unzumutbaren Belästigungen!**
Beim Kontakt mit Verbrauchern ist darauf zu achten, dass die Regelungen des UWG im Hinblick auf unzumutbare Belästigungen eingehalten werden. So darf z. B. ein Verbraucher nicht telefonisch zur Teilnahme an einem Gewinnspiel aufgefordert werden, sofern er dem Anrufer diese Form der Kontaktaufnahme nicht ausdrücklich erlaubt hat.

Die Verkaufsförderung überschneidet sich häufig mit anderen Bereichen des Marketing-Mix, insbesondere mit der Distributions- und Preispolitik. Oft werden distributions- oder preispolitische Maßnahmen in die Verkaufsförderungsaktionen eingebunden.

**Beispiel:**
Um ein neues Produkt auf dem Markt bekannt zu machen, wird es in Absprache mit den Händlern über einen befristeten Zeitraum zu einem besonders günstigen Aktionspreis angeboten.

Um eine optimale Wirkung zu entfalten, werden Verkaufsförderungsmaßnahmen oft an Werbekampagnen gekoppelt.

**Beispiel:**
In einer Zeitungsanzeige wird die Aktionspreis-Maßnahme für das neue Produkt bekannt gemacht.

# So trainiere ich für die Prüfung

## Aufgaben

## 1. Wissensfragen

### 1.1 Lernfragen

**1.** Erläutern Sie den Unterschied zwischen Öffentlichkeitsarbeit, Verkaufsförderung und Werbung.

**2.** Geben Sie drei Beispiele für Maßnahmen der Öffentlichkeitsarbeit eines Unternehmens an.

**3.** Nennen Sie die zwei Hauptaufgaben der Werbung.

**4.** Zählen Sie vier Werbegrundsätze auf.

**5.** Führen Sie drei Gründe an, warum Werbemaßnahmen gemäß dem UWG unzulässig sein können.

**6.** Zählen Sie fünf Aspekte auf, die bei der Planung einer Werbekampagne zu berücksichtigen sind.

**7.** Erklären Sie kurz, wofür die vier Buchstaben der AIDA-Formel im Hinblick auf die Gestaltung einer Werbung stehen.

**8.** Wodurch unterscheidet sich die qualitative Reichweite von der quantitativen Reichweite einer Werbung?

**9.** Nennen Sie jeweils eine Maßnahme für Außendienst-, Händler- und Verbraucherpromotion.

### 1.2 Mehrfachauswahl

**1.** Welche Aussage zur Kommunikationspolitik ist richtig?

a) Der Kommunikations-Mix besteht aus Preis-, Distributions- und Produktpolitik.
b) Die Kombination verschiedener aufeinander abgestimmter Maßnahmen der Kommunikationspolitik ergibt den Kommunikations-Mix.
c) Der Kommunikations-Mix besteht aus Werbung, Verkaufsförderung und Sortimentspolitik.
d) Die Öffentlichkeitsarbeit ist kein Teil der Kommunikationspolitik, weil sie sich nicht auf bestimmte Produkte bezieht.
e) Die Verkaufsförderung gehört nicht zur Kommunikationspolitik, da sie sich in der Regel nur für eine kurzfristige Absatzsteigerung eignet.

**2.** Ordnen Sie folgende Maßnahmen dem betreffenden Instrument der Kommunikationspolitik zu.

a) Verkaufstraining für Außendienstmitarbeiter
b) Sponsoring einer Kunstausstellung
c) Anpreisung eines neuen Produkts über einen Hörfunksender
d) Product Placement in einem Kinofilm
e) kostenlose Produktproben für Kunden
f) Senkung der Listenverkaufspreise
g) Information über die Eigenschaften eines neuen Produkts über eine Zeitungsanzeige
h) Ein Fußballstadion wird nach einem Unternehmen benannt.

| Instrumente: | Maßnahmen: |
|---|---|
| Öffentlichkeitsarbeit | |
| Werbung | |
| Verkaufsförderung | |
| keine Kommunikationspolitik | |

**3.** In welchen Fällen liegt eine nach dem UWG unzulässige Werbung vor?

a) Ein Verbraucher erhält einen Telefonanruf, in dem er von einem Anrufautomaten zum Kauf eines Produktes aufgefordert wird. Der Verbraucher hatte mit dem Anbieter vorher noch keinen Kontakt.
b) Eine Rentnerin erhält per Post einen Modekatalog zugesendet. Sie hat den Katalog nicht ausdrücklich angefordert, jedoch schon des Öfteren bei dem Unternehmen bestellt.
c) Eine Bäckerei wirbt mit dem Slogan „Die billigsten Brötchen im Ort". Bei allen anderen Anbietern im gleichen Ort sind die Brötchenpreise höher.
d) Ein italienischer Autohersteller wirbt in Deutschland mit dem Slogan „So gut wie ein Mercedes".
e) In einem Kinofilm ist kurz die Marke eines Notebooks zu erkennen, das ein Geheimagent für seine Datenrecherche benötigt.
f) Ein Haushaltsgerätehersteller wirbt in einem TV-Spot mit der Aussage einer Verbraucherin, dass die Waschmaschinen einer bestimmten Konkurrenzfirma „Schrott" seien. Die Verbraucherin hatte tatsächlich eine Waschmaschine der Konkurrenzfirma gekauft, die nach wenigen Wochen einen irreparablen Defekt aufwies.
g) Ein Hersteller von Energydrinks wirbt mit dem Slogan „Trinken Sie ... und Sie gehen ab wie eine Rakete!"

**4.** Bringen Sie die folgenden sechs Schritte einer Werbeaktion in die richtige Reihenfolge.

| Vorgang | Reihenfolge (Ziffern 1 - 6) |
|---|---|
| Auswahl des geeigneten Werbeträgers und Werbemittels | |
| konkrete Gestaltung einer Werbeanzeige durch ein Werbebüro | |
| Definition des Werbeziels | |
| Schaltung der Werbeanzeige in einer Zeitung | |
| Durchführung einer Werbeerfolgskontrolle | |
| Festlegung der Zielgruppe | |

**5.** Welche Aussage zum Tausend-Kontakte-Preis ist richtig?

„Der Tausend-Kontakte-Preis sagt aus,

a) wie hoch der zusätzliche Umsatz ist, der pro 1.000 Kontakten mit der Zielgruppe durch die Werbung entsteht."

b) wie viele Personen pro 1.000 € Werbekosten erreicht werden."

c) wie viel Prozent die Werberendite beträgt."

d) wie hoch die Schaltkosten einer Werbeanzeige für 1.000 $mm^2$ sind."

e) wie hoch die Werbekosten pro 1.000 hergestellten Kontakten zur Zielgruppe sind."

**6.** Welche Form der Verkaufsförderung liegt bei den Beispielen a) - f) vor? Ordnen Sie zu.

a) Eine Brauerei lädt eine Gruppe Touristen zu einer Bierprobe ein.

b) Ein Supermarkt erhält von einem Süßwarenhersteller Display-Material für einen Verkaufsstand.

c) Ein Sportartikelhersteller hält eine Schulung für Sportfachhändler ab, in der Kenntnisse über die neuesten Turnschuh-Modelle vermittelt werden.

d) Ein Handelsreisender nimmt an einem betriebsinternen Training für Verkaufsstrategien teil.

e) Ein Büroartikelhersteller liefert einem Lehrer fünf Kugelschreiber seiner neuesten Kollektion als kostenlose Zugabe zu den bestellten Waren.

f) Ein Verbraucher sieht in der Halbzeitpause des Bundesligaspiels FC Bayern München gegen den FC Schalke 04 einen TV-Spot mit einer Bierwerbung.

| Instrumente | Fälle |
|---|---|
| Verbraucherpromotion | |
| Händlerpromotion | |
| Außendienstpromotion | |
| keine Verkaufsförderung | |

## 2. Fallsituation

Die Zeitwerk AG stellt Armband-Uhren her. „Zeitwerk" ist in der Uhrenbranche eine bekannte Marke. Ihre Uhren gelten als qualitativ hochwertig, innovativ und hochpreisig. Mit ihrer neuen Modellreihe „visio3000" möchte die Zeitwerk AG vor allem luxusorientierte Männer mit hoher Kaufkraft im Alter zwischen 30 und 50 Jahren ansprechen. Die Modellreihe wird drei Monate vor Jahresende auf den Markt gebracht. Unterstützt wird die Markteinführung durch Plakatwerbung (z. B. in Nobelskigebieten, Pferderennbahnen etc.). Da Bekanntheitsgrad und Umsatz der Modellreihe in den ersten Monaten nach der Markteinführung noch unter den Erwartungen liegen, soll im nächsten Jahr zusätzlich zur Plakatwerbung eine weitere Werbekampagne starten. Für das neue Jahr wird ein Umsatz von 50 Mio. € angestrebt.

Sie sind Mitarbeiter in der Marketing-Abteilung der Zeitwerk AG und stehen vor der Aufgabe, die Werbekampagne für die Kollektion „visio3000“ zu planen. Für die Durchführung der Werbekampagne stehen im nächsten Jahr insgesamt 300.000 € zur Verfügung.

**a)** Geben Sie das Werbeobjekt, das Werbeziel, die Zielgruppe und das Werbebudget der Kampagne an.

**b)** Ihre nächste Aufgabe besteht nun darin, geeignete Werbeträger und Werbemittel zu finden.

Geplant ist eine ganzseitige Anzeige in Farbe. Zur Auswahl stehen hierfür folgende Printmedien:

| **Werbeträger** | **Schaltkosten pro Seite und Ausgabe** | **erscheint** | **Auflage** | **Leser pro Exemplar (geschätzt)** |
|---|---|---|---|---|
| Boulevard-Zeitung „Heute“ | 420.000 € | täglich | 2.400.000 Stück | 2 |
| Lifestyle-Magazin „Trendy“ | 40.000 € | monatlich | 180.000 Stück | 3 |
| Sportzeitschrift „Der Golfer“ | 10.800 € | monatlich | 24.000 Stück | 3 |
| Wirtschaftsmagazin „Ökonom“ | 72.000 € | wöchentlich | 390.000 Stück | 2,5 |
| Zeitung „Berliner Tagblatt“ | 38.000 € | täglich | 280.000 Stück | 2 |

Informationen zum Leserprofil:

| **Werbeträger** | **Geschlecht** | **Alter der männlichen Leser** | **Einkommen pro Monat (brutto)** |
|---|---|---|---|
| Boulevard-Zeitung „Heute“ | 60 % Männer<br>40 % Frauen | 10 % unter 30 Jahre<br>60 % 30 - 50 Jahre<br>30 % über 50 Jahre | 90 % unter 4.000 € |
| Lifestyle-Magazin „Trendy“ | 20 % Männer<br>80 % Frauen | 30 % unter 30 Jahre<br>50 % 30 - 50 Jahre<br>20 % über 50 Jahre | 78 % unter 4.000 € |
| Sportzeitschrift „Der Golfer“ | 90 % Männer<br>10 % Frauen | 10 % unter 30 Jahre<br>60 % 30 - 50 Jahre<br>30 % über 50 Jahre | 75 % über 4.000 € |
| Wirtschaftsmagazin „Ökonom“ | 70 % Männer<br>30 % Frauen | 10 % unter 30 Jahre<br>40 % 30 - 50 Jahre<br>50 % über 50 Jahre | 54 % über 4.000 € |
| Zeitung „Berliner Tagblatt“ | 55 % Männer<br>45 % Frauen | 15 % unter 30 Jahre<br>40 % 30 - 50 Jahre<br>45 % über 50 Jahre | 86 % unter 4.000 € |

Entscheiden Sie sich unter Angabe einer fundierten Begründung für einen der aufgeführten Werbeträger.

**c)** Die Zeitwerk AG hat sich für die Schaltung einer Werbeanzeige in der Zeitschrift „Der Golfer“ entschieden. Die Werbeanzeige soll ein Jahr lang in allen Ausgaben der Zeitschrift auf einer ganzen Seite in Farbe erscheinen. Mit der Gestaltung der Werbeanzeige wird eine Werbeagentur beauftragt. Zusätzlich zu den Kosten für die Gestaltung der Werbeanzeige und den Schaltkosten wird für die Werbekampagne mit sonstigen Kosten in Höhe von 60.000 € gerechnet. Wie hoch dürfen die Kosten für die Werbeagentur unter Beachtung des Werbebudgets unter diesen Umständen maximal sein? (Berechnung)

**d)** Bei der Gestaltung der Werbeanzeige kommt das AIDA-Prinzip zur Anwendung. Unterbreiten Sie einen Vorschlag, wie die letzte Stufe „A“ hier umgesetzt werden könnte.

**e)** Nach Ablauf der einjährigen Werbekampagne liegen folgende Umsatzzahlen und Werbekosten für die Modellreihe „visio3000“ vor:

| | in den letzten drei Monaten des vergangenen Jahres (nur Plakatwerbung) | im Jahr danach (Plakatwerbung + Werbeanzeige) |
|---|---:|---:|
| Absatz | 24.200 Stück | 100.800 Stück |
| Umsatz | 12,1 Mio. € | 50,4 Mio. € |
| Gesamtkosten für die Plakatwerbung | 120.000 € | 120.000 € |
| Gesamtkosten der Werbeanzeige | – | 280.000 € |

Sie sollen eine Werbeerfolgskontrolle durchführen. Berechnen Sie die Wirtschaftlichkeit der neuen Werbemaßnahme mithilfe einer geeigneten Kennzahl und interpretieren Sie das Ergebnis (kritisch).

**f)** Ein Mitarbeiter der Marketingabteilung schlägt vor, Werbe-E-Mails an die Vorstände von Tennisvereinen zu senden, in denen die neue Uhrenkollektion angepriesen wird. Beurteilen Sie diese Maßnahme kritisch unter wettbewerbsrechtlichen Gesichtspunkten.

**g)** Führen Sie jeweils eine Maßnahme aus dem Bereich des Product Placement, der Öffentlichkeitsarbeit und der Verkaufsförderung an, die zusammen mit den bestehenden Werbemaßnahmen einen sinnvollen Kommunikations-Mix ergeben. (Begründung)

# Lösungen

## 1. Wissensfragen

### 1.1 Lernfragen

**1.**

Öffentlichkeitsarbeit bezieht sich im Gegensatz zur Werbung und Verkaufsförderung nicht auf bestimmte Produkte, sondern auf das Unternehmen als Ganzes. Die Schaffung eines positiven Unternehmensimages steht dabei im Vordergrund. Werbung bezieht sich im Gegensatz zur Öffentlichkeitsarbeit auf Produkte. Anders als die Verkaufsförderung hat Werbung eine nachhaltige Absatzsteigerung zum Ziel. Verkaufsförderung hingegen soll einen kurzfristigen Anstieg des Absatzes bestimmter Produkte herbeiführen.

**2.**

Z. B. Pressekonferenzen, finanzielle Hilfe für Katastrophenopfer, Sponsoring von Sportevents

**3.**

Bedarfsweckung, Informationen vermitteln

**4.**

Wahrheit, Klarheit, Wirksamkeit, Wirtschaftlichkeit

**5.**

- Der Werbecharakter wird verschleiert.
- Es handelt sich um irreführende Werbung.
- Mitbewerber werden verunglimpft.

**6.**

Z. B. Werbeziel, Zielgruppe, Werbebudget, Werbeträger und -mittel, Streuzeit

**7.**

A = Attention: Aufmerksamkeit auf die Werbung lenken.
I = Interest: auf das Produkt neugierig machen.
D = Desire: den Wunsch erwecken, das Produkt besitzen zu müssen.
A = Action: den Entschluss zum Kauf des Produktes herbeiführen.

**8.**

Die quantitative Reichweite sagt aus, wie viele Personen von einer Werbung erreicht werden. Die qualitative Reichweite hingegen berücksichtigt auch den Anteil der Zielgruppe an den erreichten Personen.

**9.**

Außendienstpromotion: z. B. Erfolgsprämien für das Erreichen bestimmter Verkaufszahlen.
Händlerpromotion: z. B. Produktschulungen von Händlern.
Verbraucherpromotion: z. B. kostenlose Produktproben für Kunden im Supermarkt.

## 1.2 Mehrfachauswahl

**1. b**

Maßnahmen aus den Bereichen Öffentlichkeitsarbeit, Werbung, Verkaufsförderung (und evtl. noch persönlicher Verkauf) bilden in Summe den Kommunikations-Mix.

**2.**

| Instrumente: | Maßnahmen: |
|---|---|
| Öffentlichkeitsarbeit | **b, h** |
| Werbung | **c, d, g** |
| Verkaufsförderung | **a, e** |
| keine Kommunikationspolitik | **f** |

zu f) Preispolitik; keine Verkaufsförderung, da es sich nicht nur um vorübergehende Aktionspreise handelt.

zu h) Keine Werbung, sondern Öffentlichkeitsarbeit (Sponsoring), da es um das Image des gesamten Unternehmens geht.

**3. a, d, f**

a) unzumutbar belästigende Werbung
d) Hier wird der Ruf eines Mitbewerbers ausgenutzt.
f) Obgleich die Aussage einen realen Hintergrund hat, wird ein Mitbewerber durch die drastische Formulierung verunglimpft.
g) Hinweis: Die Aussage ist zwar objektiv gesehen unwahr, kann jedoch offensichtlich nicht wörtlich genommen werden.

**4.**

| Vorgang | Reihenfolge (Ziffern 1 - 6) |
|---|---|
| Auswahl des geeigneten Werbeträgers und Werbemittels | **3** |
| konkrete Gestaltung einer Werbeanzeige durch ein Werbebüro | **4** |
| Definition des Werbeziels | **1** |
| Schaltung der Werbeanzeige in einer Zeitung | **5** |
| Durchführung einer Werbeerfolgskontrolle | **6** |
| Festlegung der Zielgruppe | **2** |

**5. e**

(siehe Definition und Formel im Wissensteil)

**6.**

| Instrumente | Fälle |
|---|---|
| Verbraucherpromotion | **a, e** |
| Händlerpromotion | **b, c** |
| Außendienstpromotion | **d** |
| keine Verkaufsförderung | **f** |

## 2. Fallsituation

B

a)

Werbeobjekt: Uhren-Modellreihe „visio3000“

Werbeziel: Steigerung des Bekanntheitsgrades und Umsatzes der neuen Modellreihe „visio3000“ (Umsatz von 50 Mio. € im nächsten Jahr)

Zielgruppe: luxusorientierte Männer mit hoher Kaufkraft im Alter zwischen 30 und 50 Jahren

Werbebudget: 300.000 €

B, D

b)

Lösungsvorschlag:
(Auch andere nachvollziehbare Berechnungen und Begründungen sind denkbar.)
Entscheidung für die Sportzeitschrift „Der Golfer“.

Begründung:
Die Zeitschrift „Der Golfer“ weist von den zur Auswahl stehenden Werbeträgern den niedrigsten Tausend-Kontakte-Preis auf und somit die höchste Effizienz auf.

Tausend-Kontakte-Preis „Der Golfer“
= 10.800 € : (24.000 · 3 · 0,9 · 0,6 · 0,75) · 1.000 = 370,37 €

⇒ Um 1.000 Kontakte zur Zielgruppe herzustellen, fallen Schaltkosten in Höhe von 370,37 € an.

**Hinweis zur Berechnung:** Die Schaltkosten werden durch die Anzahl der Leser dividiert, die zur Zielgruppe gehören.

Dabei ist zu berücksichtigen, dass

- jedes der 24.000 Exemplare im Durchschnitt von 3 Personen gelesen wird,
- der Anteil der Männer an den Lesern 90 % beträgt,
- 60 % der Männer zwischen 30 und 50 Jahre alt sind und
- 75 % der Leser über mehr als 4.000 € Bruttoeinkommen pro Monat verfügen.

Hierbei wird unterstellt, dass Personen mit einem Bruttoeinkommen von über 4.000 € eine hohe Kaufkraft besitzen.

Zum Vergleich die Tausend-Kontakte-Preise der anderen Werbeträger (analoge Berechnung):

- Boulevard-Zeitung „Heute“: 2.430,56 €
- Lifestyle-Magazin „Trendy“: 3.367,00 €
- Wirtschaftsmagazin „Ökonom“: 488,40 €
- Zeitung „Berliner Tagblatt“: 2.203,15 €.

**Qualitative Reichweite berücksichtigen!** Es kommt nicht nur darauf an, wie viele Leser ein Werbeträger insgesamt hat (quantitative Reichweite). Es muss ferner auch einbezogen werden, wie hoch der Anteil der Zielgruppe an den Lesern ist.

Welche Daten Sie in die Kennzahlenberechnung einfließen lassen, hängt von den zur Verfügung stehenden Angaben ab. Prinzipiell sollten Sie möglichst viele der vorhandenen Angaben nutzen, sofern sie entscheidungsrelevant sind.

**c)**

**B, D**

Werbebudget = 300.000 €
Schaltkosten der Werbeanzeige = 12 · 10.800 € = 129.600 €
Sonstige Kosten der Werbekampagne = 60.000 €
Maximale Kosten Werbeagentur = 300.000 € - 129.600 € - 60.000 € = **110.400 €**

**d)**

**C**

Vorschlag: z. B. kleingedruckter Hinweis auf Internetseite der Zeitwerk AG oder auf Händler, bei denen die Uhren bezogen werden können.

**e)**

**D**

Berechnung der Werberendite:
Umsatzzuwachs = 50,4 Mio. € - (12,1 Mio. € · 4) = 2,0 Mio. €
Zusätzliche Kosten der Werbeanzeige = 280.000 €
**Werberendite** = (2 Mio. € : 280.000 €) · 100 % = **714,29 %**

Hinweis zur Berechnung: Der Umsatz der letzten drei Monate des vergangenen Jahres wird auf das ganze Jahr hochgerechnet, um ihn mit dem Folgejahr vergleichbar zu machen.

Interpretation: Die hohe Werberendite von 714,29 % sagt aus, dass der Umsatzzuwachs im Werbezeitraum ca. 7 mal höher ist als die Werbekosten. Eine Aussage über die Gewinnsteigerung ist auf Basis dieser Kennzahl allerdings nicht möglich, da der erhöhte Absatz neben den Werbekosten auch noch weitere Kosten (Materialkosten, Fertigungskosten etc.) verursacht. Ferner ist nicht eindeutig erkennbar, inwieweit der Absatz- bzw. Umsatzzuwachs auf die Werbeanzeige oder auf andere Ursachen zurückzuführen ist.

**f)**

**E**

Hier handelt es sich gemäß UWG um eine unzumutbar belästigende Werbung. Das unaufgeforderte Versenden von Werbung an Verbraucher über elektronische Medien ist unzulässig.

F

g)

Product Placement: z. B. Ausstattung von bekannten Tennis- oder Golfprofis mit Armbanduhren. Die Uhren sind dadurch bei Fernsehübertragungen sichtbar und werden mit bekannten Sportlern in Verbindung gebracht.

Öffentlichkeitsarbeit: z. B. Sponsoring eines Golfturniers. Die Sportart Golf passt gut zur Zielgruppe und zur Werbeanzeige in der Zeitschrift „Der Golfer". (Evtl. auch Sponsoring von Segelsport, Tennis, Pferdesport, Formel 1 etc.)

Verkaufsförderung: z. B. Schulung von Fachhändlern
Die Fachhändler erhalten so Beratungskompetenz und Verkaufsargumente im Hinblick auf die neuen Uhrenmodelle.

# 4. Distributionspolitik

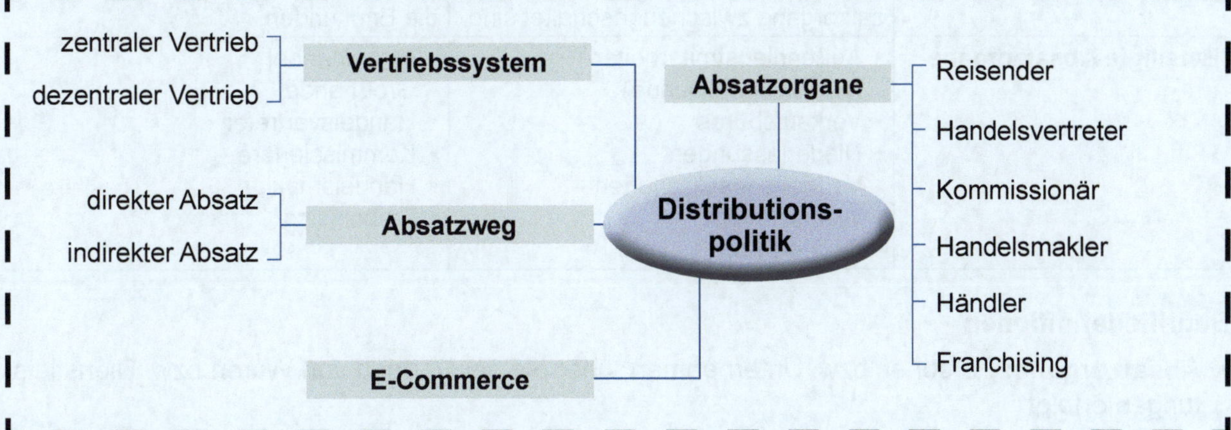


## Was muss ich für die Prüfung wissen?

### 4.1 Was ist Distributionspolitik?

Die Distributionspolitik umfasst alle Maßnahmen eines Unternehmens, mit deren Hilfe die betriebliche Leistung rechtzeitig und in ausreichender Menge zum Endkäufer (Verwender) gebracht wird (Distribution = Verteilung).

Dazu gehören die Organisation des Vertriebs, die Wahl des Absatzweges und der Absatzorgane. Dabei ist zu gewährleisten, dass die Produkte zur richtigen Zeit, am richtigen Ort, im richtigen Zustand und in der erforderlichen Menge dem Abnehmer zur Verfügung stehen.

### 4.2 Distributionsorganisation

**a) Vertriebssystem: Zentraler oder dezentraler Vertrieb?**

| Art des Vertriebs | Zentraler Vertrieb | Dezentraler Vertrieb |
|---|---|---|
| **Merkmal** | Vertrieb von einem zentralen Standort aus | Vertrieb von mehreren dezentralen Standorten aus |

**b) Absatzweg: Direkter oder indirekter Absatz?**

Der Absatzweg ist der Weg einer unveränderten Ware vom Produzenten zum Endkunden. Je nachdem, ob fremde Absatzorgane (Absatzmittler oder Absatzhelfer) zwischen Hersteller und Endkunde geschaltet sind oder nicht, unterscheidet man zwischen direktem und indirektem Absatz.

| Absatzweg | Direkter Absatz | Indirekter Absatz |
|---|---|---|
| **Erläuterung** | Der Hersteller verkauft direkt an die Endkunden, ohne dass fremde Absatzorgane zwischengeschaltet sind. | Der Hersteller verkauft seine Produkte über fremde Absatzorgane an die Endkunden. |
| **Beteiligte Absatzorgane** | • Außendienstmitarbeiter (Handlungsreisende)<br>• Verkaufsbüros<br>• Niederlassungen<br>• Vertriebsgesellschaften<br>• Werksverkauf<br>• Online-Shop | • Einzelhandel<br>• Großhandel<br>• Handelsvertreter<br>• Kommissionäre<br>• Handelsmakler<br>• Franchising |

**Begriffsdefinitionen**

- **Absatzorgane:** Personen bzw. Unternehmen, über die der Vertrieb von Waren bzw. Dienstleistungen erfolgt.
- **Absatzmittler:** Rechtlich und wirtschaftlich selbstständige Absatzorgane, die in der Absatzkette Waren kaufen und weiterverkaufen (Händler).
- **Absatzhelfer:** Rechtlich und wirtschaftlich selbstständige Absatzorgane, die den Absatz unterstützen, aber kein Eigentum an der Ware erwerben (Handelsvertreter, Kommissionäre, Handelsmakler, Spediteure etc.).
- **Verkaufsbüro:** Räumlich ausgegliederte Vertriebsabteilung eines Unternehmens (keine eigene Rechtspersönlichkeit).
- **Niederlassung:** Im weiteren Sinne Standort eines Unternehmens, der räumlich von der Hauptniederlassung getrennt ist; im engeren Sinne Zweigniederlassung, d. h. Standort, an dem ähnliche oder gleichartige Geschäfte wie in der Hauptniederlassung getätigt werden. (Eintragung der Zweigniederlassung im Handelsregister erforderlich, aber keine eigene Rechtspersönlichkeit.)
- **Vertriebsgesellschaft:** Gesellschaft, deren Gegenstand nur der Vertrieb von Waren oder Dienstleistungen ist (eigene Rechtspersönlichkeit).

Oft nutzen Unternehmen verschiedene Absatzwege, um ein Produkt zu vertreiben, insbesondere dann, wenn verschiedene Zielgruppen (z. B. Unternehmen und Verbraucher) zum Kundenkreis gehören.

## 4.3 Absatzorgane

### a) Handlungsreisender (Reisender)

Ein Handlungsreisender vermittelt oder schließt als Angestellter Geschäfte im Namen seines Arbeitgebers ab.

**Vergütung des Reisenden:**

- in der Regel festes Grundgehalt und
- ergänzend eine Erfolgsprovision (Umsatzprovision).

**b) Handelsvertreter**

Ein Handelsvertreter ist als selbstständiger Gewerbetreibender ständig damit betraut, für einen anderen Unternehmer Geschäfte zu vermitteln oder in dessen Namen abzuschließen. (§ 84 HGB)

Man unterscheidet zwischen Abschlussvertreter und Vermittlungsvertreter.

- Der Abschlussvertreter schließt rechtskräftige Verträge im Namen des Auftraggebers (Herstellers) mit dem Kunden ab.
- Der Vermittlungsvertreter vermittelt seinem Auftraggeber (Hersteller) lediglich die Kunden. Der Vertragsabschluss erfolgt dann direkt zwischen dem Hersteller und dem Kunden.

**Schaubild: Abschlussvertreter mit Inkassofunktion**

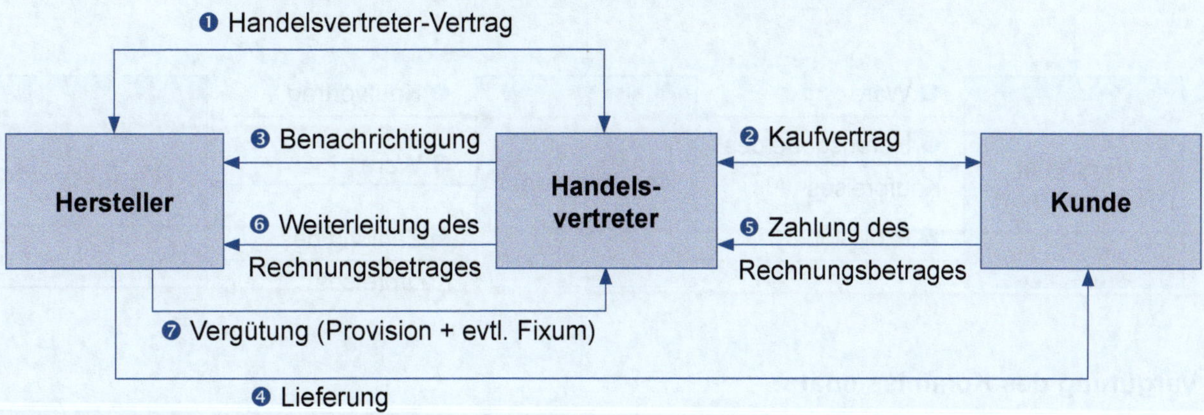


**Vergütung des Handelsvertreters**

Umsatzprovision (Abschlussprovision)
+ evtl. Inkassoprovision
+ evtl. Delkredereprovision
+ evtl. Fixum
(Die Abrechnung erfolgt in der Regel monatlich.)

- **Umsatzprovision (Abschlussprovision):** Diese Provision wird in der Regel in Prozent des Netto-Rechnungsbetrags abzüglich sämtlicher Preisnachlässe (außer Barzahlungsnachlässe) berechnet.
- **Inkassoprovision:** Provision, die der Handelsvertreter erhält, wenn er im Auftrag des Unternehmers (Herstellers) den Geldeinzug (Inkasso) übernimmt.
- **Delkredereprovision:** Provision, die der Handelsvertreter vom Unternehmer (Hersteller) bekommt, wenn er sich verpflichtet, für die Erfüllung der Kundenverbindlichkeit einzustehen. Der Handelsvertreter übernimmt somit das Delkredere-Risiko, haftet also für den Zahlungseingang. Der Provisionsanspruch entsteht nach § 86b HGB bereits mit Abschluss des Geschäfts.

**Ausgleichsanspruch**
Der Handelsvertreter hat bei Beendigung des Vertrages einen Anspruch auf einen angemessenen Ausgleich. Der Ausgleichsanspruch bezieht sich auf zu erwartende Umsätze mit den Kunden, die der Handelsvertreter geworben hat bzw. zu denen er die Geschäftsbeziehung maßgeblich erweitert hat.

### c) Kommissionär

Kommissionär ist, wer es gewerbsmäßig übernimmt, Waren oder Wertpapiere für Rechnung eines anderen (des Kommittenten) in eigenem Namen zu kaufen oder zu verkaufen (§ 383 HGB).

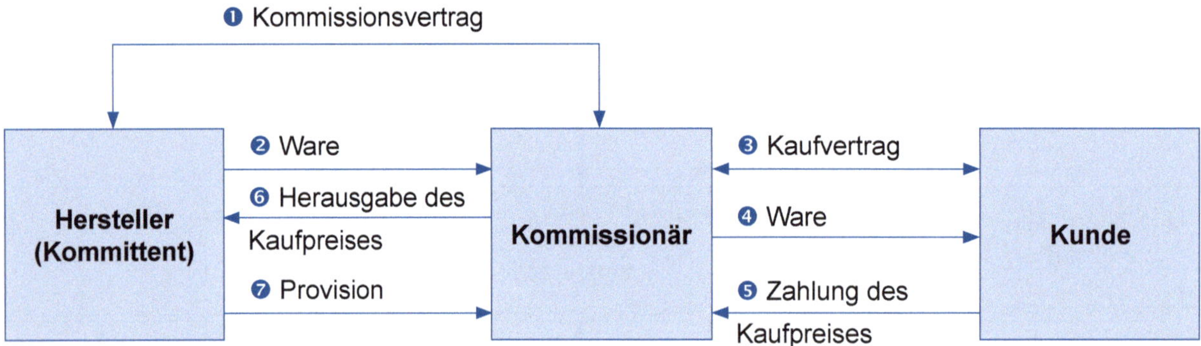


**Vergütung des Kommissionärs**

Der Kommissionär erhält in der Regel eine Provision bei Ausführung des Geschäftes sowie evtl. noch eine Delkredereprovision sowie den Ersatz von Aufwendungen.

**Selbsteintrittsrecht des Kommissionärs**

Bei der Einkaufs- oder Verkaufskommission von Waren, die einen Markt- oder Börsenpreis haben oder Börsenpapieren, die einen amtlich festgestellten Börsen- oder Marktpreis haben, kann der Kommissionär durch ausdrückliche Erklärung selbst als Käufer oder Verkäufer auftreten (§§ 400, 405 HGB). In diesem Fall schließt der Kommissionär dann ähnlich wie ein Händler einen Kaufvertrag mit dem Kommittenten (Hersteller) ab.

### d) Handelsmakler

Handelsmakler ist, wer gewerbsmäßig für andere, ohne von ihnen ständig damit betraut zu sein, die Vermittlung von Verträgen über Gegenstände des Handelsverkehrs übernimmt (§ 93 HGB).

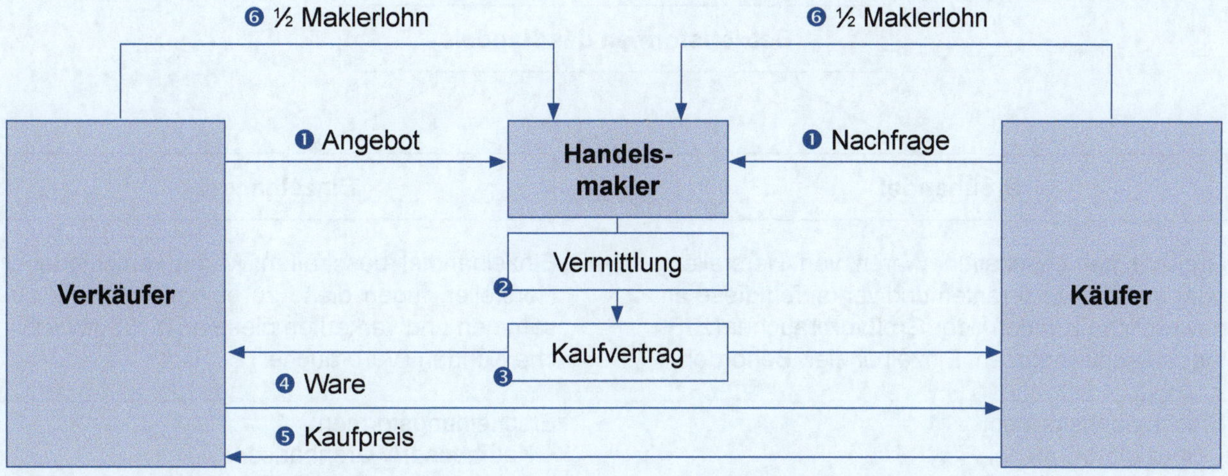


**Hinweis:** Der Maklerlohn kann evtl. auch schon vor der Warenlieferung und der Kaufpreiszahlung entrichtet werden.

**Vergütung des Handelsmaklers**

Wenn keine andere Regelung vereinbart oder üblich ist, muss der Maklerlohn von jeder Partei zur Hälfte entrichtet werden (§ 99 HGB).

Kein Handelsmakler im Sinne der §§ 93 ff. des HGB ist der Immobilienmakler. Das Recht des Immobilienmaklers ist im BGB geregelt.

**e) Handelsunternehmen**

Welche verschiedenen Funktionen erfüllen Handelsbetriebe für ein Industrieunternehmen?

- **Räumlicher Ausgleich:** Die Distanz zwischen Hersteller und Endkunden wird verkürzt, eine flächendeckende Versorgung ist möglich.
- **Zeitlicher Ausgleich:** Der Handel überbrückt die Zeit zwischen Produktion und dem Bedarfszeitpunkt der Endkunden.
- **Quantitativer Ausgleich:** Der Handel kann die Warenmengen auf den Bedarf der Kunden abstimmen (Packungsgrößen etc.).
- **Qualitativer Ausgleich:** Der Handel kann in sein Sortiment Waren verschiedener Hersteller aufnehmen und somit qualitativ differenzieren. Für den Kunden bedeutet das mehr Auswahl.
- **Informationsfunktion:** Der Handel informiert die Kunden über Preis und Qualität der angebotenen Waren (Werbung etc.).

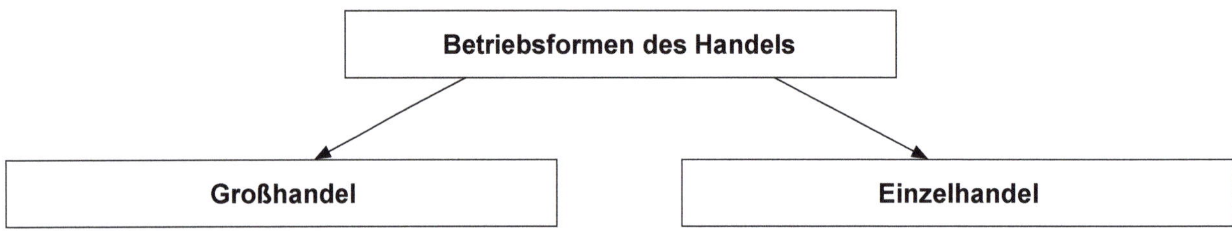


Großhändler beschaffen Waren von Herstellern oder anderen Lieferanten und verkaufen diese an gewerbliche Kunden oder Großverbraucher (z. B. Industrieunternehmen, Einzelhändler, Behörden).

Erscheinungsformen:
- Spezialgroßhandel
- Sortimentsgroßhandel
- Abholmärkte
- Cash-and-Carry-Märkte (Selbstbedienung)
- Zustellgroßhandel
- etc.

Einzelhändler beschaffen Waren verschiedener Hersteller, fügen diese zu einem Sortiment zusammen und verkaufen diese an nicht-gewerbliche Kunden (Verbraucher).

Erscheinungsformen:
- Kaufhäuser/Warenhäuser
- Supermärkte
- Verbrauchermärkte
- Discounter
- Fachhändler
- Tankstellen
- Kioske
- Versandhändler
- Automatenverkauf
- etc.

### f) Franchising

Beim Franchising stellt ein Franchisegeber einem Franchisenehmer die Nutzung eines Geschäftskonzeptes gegen Entgelt zur Verfügung.

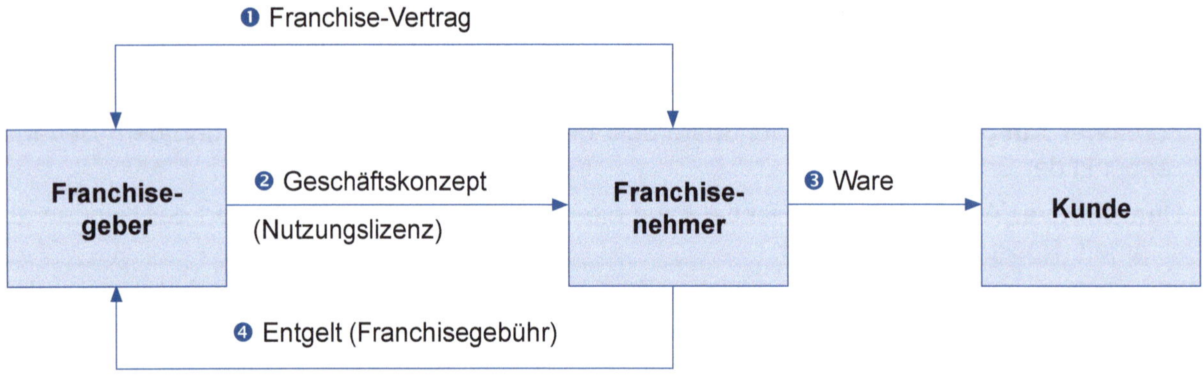


Bekannte Beispiele für Franchisesysteme: Coca-Cola, MCDonald's, OBI

## 4.4 E-Commerce

Beim E-Commerce (Elektronischer Handel) wird über das Internet ein Kaufvorgang zwischen Anbieter und Abnehmer abgewickelt. Im engeren Sinne bezieht sich der elektronische Handel auf die über das Internet abgewickelten Geschäfte zwischen Handelsunternehmen und Nachfragern. Der elektronische Handel umfasst alle Geschäfte, für deren Anbahnung und/oder Abwicklung elektronische Kommunikationstechniken eingesetzt werden, also auch dann, wenn der Anbieter kein Handelsunternehmen (sondern z. B. ein Hersteller) ist. Viele Hersteller haben mittlerweile Online-Shops eingerichtet, über die Endkunden direkt Bestellungen aufgeben können.

# Was erwartet mich in der Prüfung?

## 1. Das Lernlabyrinth

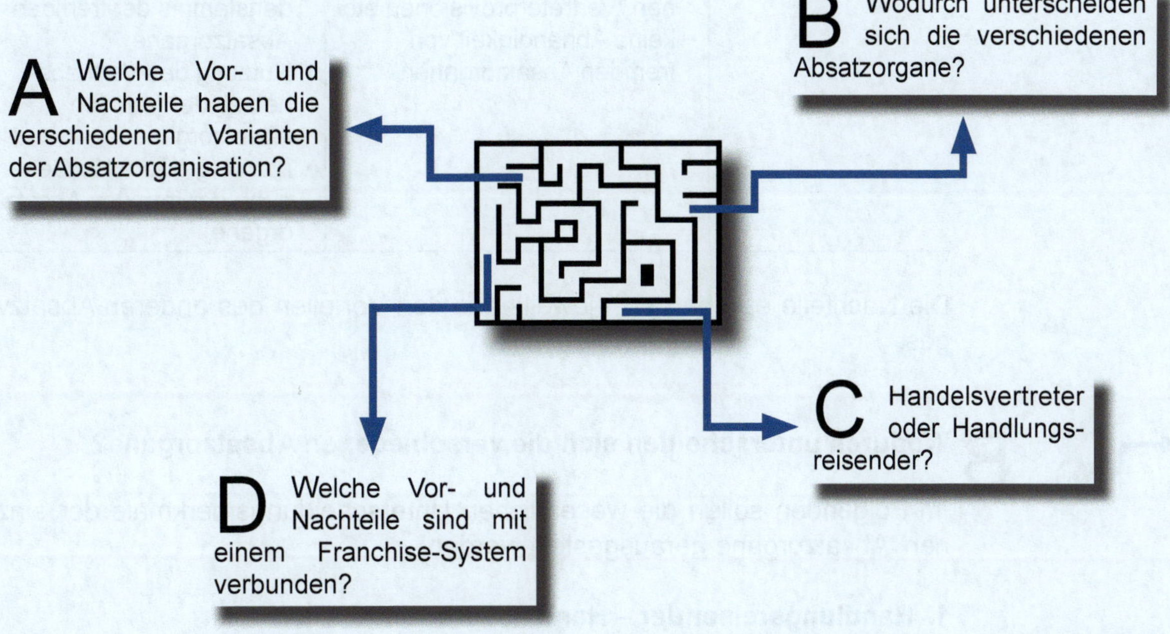


## 2. Wege aus dem Lernlabyrinth

### A Welche Vor- und Nachteile haben die verschiedenen Varianten der Absatzorganisation?

**1. Zentraler Vertrieb – dezentraler Vertrieb**

| Art des Vertriebs | Zentraler Vertrieb | Dezentraler Vertrieb |
|---|---|---|
| Vorteile | • geringerer Personalaufwand<br>• geringerer Aufwand für Büroräume/-gebäude<br>• gebündelte Kompetenz | • Kundennähe<br>• Flächendeckung |

Die Nachteile ergeben sich jeweils aus den Vorteilen des anderen Vertriebssystems.

## 2. Direkter Absatz – indirekter Absatz

| Absatzweg | Direkter Absatz | Indirekter Absatz |
|---|---|---|
| Vorteile | • direkter Kontakt zum Kunden<br>• keine Verteuerung der Produkte durch Handelsspannen, Vertreterprovisionen etc.<br>• keine Abhängigkeit von fremden Absatzorganen | • evtl. bessere Marktkenntnis der fremden Absatzorgane<br>• Aktivierung des Kundenstamms der fremden Absatzorgane<br>• Nutzung des Vertriebsnetzes der fremden Absatzorgane<br>• i. d. R. größere Kundennähe der fremden Absatzorgane |

Die Nachteile ergeben sich jeweils aus den Vorteilen des anderen Absatzweges.

## B Wodurch unterscheiden sich die verschiedenen Absatzorgane?

Im Folgenden sollen die wesentlichen Unterscheidungsmerkmale der einzelnen Absatzorgane herausgestellt werden:

### 1. Handlungsreisender – Handelsvertreter

#### a) Rechtsstellung

- Der Handlungsreisende ist Angestellter. Er ist somit an die Weisungen seines Arbeitgebers gebunden und es sind Steuern sowie Sozialversicherungsbeiträge abzuführen.
- Der Handelsvertreter ist selbstständiger Kaufmann. Er ist in der Gestaltung seiner Arbeitszeit und Tätigkeit frei.

#### b) Vergütung

Der variable Anteil (Provision) ist beim Handelsvertreter wesentlich höher als beim Reisenden.

### 2. Handelsvertreter – Kommissionär

#### a) Rechtsstellung

Sowohl Handelsvertreter als auch Kommissionär sind selbstständige Kaufleute.

- Der Handelsvertreter handelt jedoch auf fremde Rechnung und fremden Namen
- der Kommissionär hingegen auf eigenen Namen und fremde Rechnung.

**b) Lager**

- Der Handelsvertreter ist nur für den Vertragsabschluss- bzw. die Vertragsvermittlung zuständig. Die Lieferung erfolgt direkt vom Hersteller an den Kunden.
- Der Kommissionär verfügt über ein Lager (Kommissionslager), wo er die Waren des Kommittenten einlagert und aus dem heraus er die Kunden beliefert.

### 2. Handelsmakler – Handelsvertreter

**a) Vertragsverhältnis**

- Der Handelsvertreter steht in einer ständigen Vertragsbeziehung zum vertretenen Unternehmen.
- Der Handelsmakler steht in keinem dauerhaften Vertragsverhältnis zu einem Auftraggeber und ist daher auch nicht zu einer ständigen Kundenbetreuung und Geschäftsvermittlung verpflichtet. Er wird von Fall zu Fall tätig.

**b) Art der Tätigkeit**

- Handelsmakler vermitteln lediglich Geschäfte.
- Handelsvertreter (Abschlussvertreter) können auch Verträge für das zu vertretende Unternehmen abschließen.

### 3. Händler

Händler kaufen Waren und verkaufen diese weiter an andere Kunden. Damit werden sie zwischenzeitlich auch Eigentümer der Ware (Ausnahme: Eigentumsvorbehalt) und auch die Gefahr des zufälligen Untergangs der Ware geht mit der Eigentumsübertragung grundsätzlich auf den Händler über.

## C Handelsvertreter oder Handlungsreisender?

In vielen Unternehmen stellt sich die Frage, ob ein Handelsvertreter oder ein eigener Außendienstmitarbeiter (Handlungsreisender) für den Vertrieb der Produkte eingesetzt werden soll.

### 1. Entscheidung unter Kostengesichtspunkten

**Beispiel:**
Der Handlungsreisende würde fixe Personalkosten in Höhe von 40.000 € pro Jahr verursachen und außerdem eine umsatzabhängige Provision in Höhe von 4 % bekommen. Der Handlungsvertreter verlangt eine Umsatzprovision in Höhe von 9 %.

Ab welcher jährlichen Umsatzhöhe wird der Handlungsreisende zur kostengünstigeren Alternative?

**a) Rechnerische Lösung**

**Gleichung:**
Die sog. „kritische Umsatzhöhe“ kann man ermitteln, indem man die Kosten des Handelsvertreters mit denen des Reisenden gleichsetzt:

**Umsatz · Provisionssatz Vertreter = Umsatz · Provisionssatz Reisender + Fixum Reisender**
Umsatz · 9 % = Umsatz · 4 % + 40.000 €
Umsatz · 5 % = 40.000 €
Umsatz = 40.000 € : 0,05
Umsatz = **800.000 €**

⇒ Ab einem Jahresumsatz von 800.000 € wird der Handlungsreisende gegenüber dem Handelsvertreter zur kostengünstigeren Alternative.

Dieses Gleichungsprinzip wird analog auch bei der Berechnung der Gewinnschwellenmenge oder bei Make-or-buy-Entscheidungen angewendet.

Achten Sie darauf, dass sich die Zahlen jeweils auf den gleichen Zeitraum beziehen.

Wenn z. B. das monatliche Fixgehalt des Reisenden angegeben ist, aber nach dem Jahresumsatz gefragt ist, muss das Fixum auf das ganze Jahr hochgerechnet werden.

Bekäme der Handelsvertreter ein Fixum, so müsste man im Beispiel das Fixum noch auf der linken Seite der Gleichung hinzuaddieren.

**Formel:**

Aus der obigen Gleichung ergibt sich folgende Formel:

$$\text{Kritischer Umsatz} = \frac{\text{(Fixum Reisender - Fixum Handelsvertreter)}}{\text{(Provisionssatz Handelsvertreter - Provisionssatz Reisender)}}$$

**Kritischer Umsatz** = (40.000 € - 0 €) : (9 % - 4 %)
= 40.000 € : 0,05
= **800.000 €**

**b) Grafische Lösung**

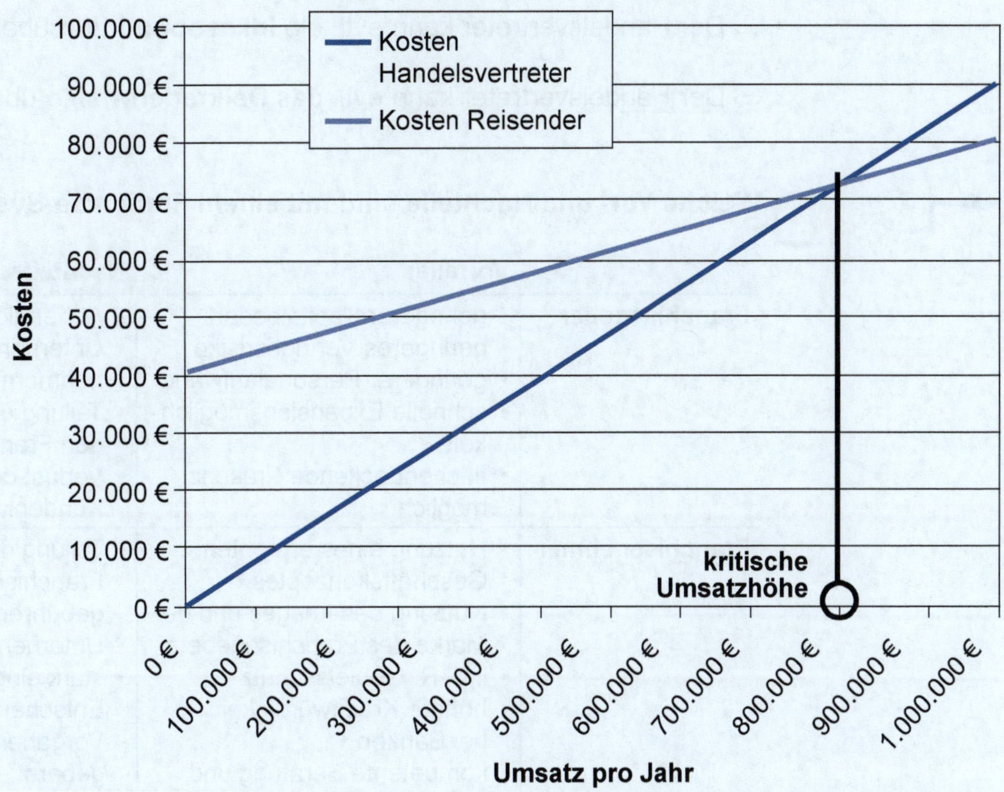

Die kritische Umsatzhöhe liegt dort, wo sich die Kostengerade des Handelsvertreters mit der des Reisenden schneidet.

Die Gerade für den Handelsvertreter beginnt am Nullpunkt, die des Reisenden beim Fixum. Um die beiden Geraden möglichst exakt zeichnen zu können, sollten Sie jeweils noch einen Punkt rechts des Schnittpunktes ausrechnen (z. B. bei 1 Mio. € Umsatz). Mehr Punkte sind zum Zeichnen der Geraden nicht erforderlich.

## 2. Weitere Faktoren

**Beispiel:**
Neue Umsatzprognosen gehen für das kommende Jahr von einem Umsatz in Höhe von 900.000 € aus. Unter reinen Kostengesichtspunkten müsste nun der Handelsreisende gegenüber dem Handelsvertreter den Vorzug erhalten.

Welche Argumente könnten jedoch trotzdem für den Einsatz eines Handelsvertreters sprechen?

⇒ Der Handelsvertreter hat evtl. die bessere **Marktkenntnis**. (Das ist v. a. bei Auslandsmärkten oft der Fall.)

⇒ Das **Absatzrisiko** ist geringer, da bei unerwartet niedrigem Umsatz gegenüber dem Reisenden geringere bzw. keine Kosten anfallen.

⇒ Der Handelsvertreter kann evtl. die **Inkassofunktion** übernehmen.

⇒ Der Handelsvertreter kann evtl. das **Delkredererisiko** übernehmen.

D **Welche Vor- und Nachteile sind mit einem Franchise-System verbunden?**

| | **Vorteile:** | **Nachteile:** |
|---|---|---|
| **Franchisegeber** | • geringerer Kapitalbedarf<br>• geringeres Vertriebsrisiko<br>• geringerer Personalaufwand<br>• schnelle Expansionsmöglichkeit<br>• flächendeckende Präsenz möglich | • Abhängigkeit von fremden Unternehmern (Franchisenehmern)<br>• Teilung der Erträge mit den Franchisenehmern<br>• Verlust des direkten Kundenkontaktes |
| **Franchisenehmer** | • Nutzung eines erprobten Geschäftskonzeptes<br>• Nutzung des Images und der Marke des Franchisegebers<br>• i. d. R. Gebietsschutz<br>• höhere Kreditwürdigkeit bei Banken<br>• kompetente Beratung und Schulungen durch den Franchisegeber<br>• Nutzung der Größenvorteile des Franchisegebers (z. B. Einkaufskonditionen) | • Teilung der Erträge mit dem Franchisegeber (Franchisegebühren ...)<br>• Unternehmerisches Risiko<br>• stark eingeschränkte Entscheidungsfreiheit durch Vorgaben des Franchisegebers |

# So trainiere ich für die Prüfung

## Aufgaben

## 1. Wissensfragen

### 1.1 Lernfragen

**1.** Erläutern Sie den Unterschied zwischen Zweigniederlassungen und Vertriebsgesellschaften.

**2.** Nennen Sie vier Absatzorgane, die eindeutig dem indirekten Absatzweg zuzuordnen sind.

**3.** Führen Sie zwei Vorteile und zwei Nachteile eines zentralen Vertriebssystems gegenüber einem dezentralen Vertriebssystem an.

**4.** Erläutern Sie die wesentlichen Unterschiede zwischen einem Handelsvertreter und einem Kommissionär.

**5.** Erläutern Sie zwei Vorteile, die ein Franchisesystem für den Franchisegeber bringt.

**6.** Erklären Sie den Unterschied zwischen Einzel- und Großhandel.

**7.** Zählen Sie vier Funktionen auf, die ein Handelsbetrieb im Rahmen der Distribution erfüllen kann.

### 1.2 Mehrfachauswahl

**1.** Welche Aussage zum Absatzweg ist richtig?

a) Von direktem Absatz spricht man dann, wenn Verbrauchsgüter hergestellt werden.
b) Indirekter Absatz liegt immer dann vor, wenn ein Hersteller seine Produkte an andere Unternehmen verkauft.
c) Direkter Absatz liegt z. B. vor, wenn ein Hersteller Konsumgüter über Handlungsreisende an Handelsunternehmen absetzt.
d) Direkter Absatz liegt z. B. vor, wenn ein Hersteller Produkte über Handelsvertreter verkauft, die in direkten Kontakt mit dem Endkunden treten.
e) Bestellt ein Handwerksbetrieb Werkzeuge aus einem Online-Shop des Herstellers, liegt direkter Absatz vor.

**2.** Ordnen Sie folgende Charakterisierungen den betreffenden Absatzorganen zu.

a) selbstständiger Kaufmann, der im eigenen Namen und auf fremde Rechnung Waren verkauft
b) räumlich ausgegliederte Vertriebsabteilung eines Unternehmens
c) Unternehmen, das Waren einkauft und an Verbraucher weiterverkauft

d) selbstständiger Kaufmann, der im fremden Namen und auf fremde Rechnung Waren verkauft
e) Unternehmen, das Waren einkauft und an andere Unternehmen weiterverkauft
f) gewerbsmäßige und fallweise Vermittlung von Verträgen über Gegenstände des Handelsverkehrs
g) Angestellter, der Geschäfte für das Unternehmen, bei dem er angestellt ist, abschließt.

| **Absatzorgan** | **Charakterisierung** |
| --- | --- |
| Handlungsreisender | |
| Handelsvertreter | |
| Kommissionär | |
| Handelsmakler | |
| Einzelhandel | |
| Großhandel | |
| Verkaufsbüro | |

**3.** Welche Rechte und Pflichten treffen nicht auf einen Handelsvertreter (Abschlussvertreter) zu?

a) Er muss den Unternehmer von jedem Geschäftsabschluss unverzüglich benachrichtigen.
b) Er erhält eine Provision für alle von ihm abgeschlossenen Geschäfte.
c) Der Handelsvertreter wird auf Basis eines Arbeitsvertrages für das Unternehmen aktiv, für das er Geschäfte abschließen soll.
d) Er kann nach Beendigung des Vertragsverhältnisses einen angemessenen Ausgleich verlangen, wenn der Unternehmer weiterhin mit den von ihm geworbenen Kunden Geschäfte tätigt.
e) Der Handelsvertreter ist für die Lieferung der Ware an den Kunden zuständig.
f) Er darf Geschäftsgeheimnisse auch nach Beendigung des Vertragsverhältnisses nicht an andere Unternehmen weitergeben.

**4.** Welche Aussage zum Kommissionär ist richtig?

a) Der Kommissionär vermittelt in eigenem Namen Geschäfte für einen Auftraggeber.
b) Ein Kommissionär kann niemals Eigentümer der vom Kommittenten bezogenen Waren werden.
c) Ein Kommissionär unterhält ein Kommissionslager, in dem er die Waren des Kommittenten lagert, bis sie verkauft werden.
d) Der Kommissionär ist verpflichtet, Waren des Kommittenten, die er nicht an Kunden verkaufen konnte, selbst zu kaufen.
e) Dem Kommissionär ist es nicht erlaubt, Waren des Kommittenten an einen Kunden zu verkaufen, wenn der Kommittent den Kunden nicht kennt.

**5.** Was ist darunter zu verstehen, wenn ein Handelsvertreter eine Delkredereprovision erhält?

a) Provision, die ein Handelsvertreter vom Unternehmer bekommt, wenn er die Haftung für den Zahlungseingang übernimmt
b) Provision, die ein Handelsvertreter bekommt, wenn er die Funktion des Zahlungseinzugs für den Unternehmer übernimmt
c) Zahlung, die ein Handelsvertreter vom Unternehmer nach Beendigung des Vertragsverhältnisses als Ausgleich für zukünftige Geschäftsabschlüsse mit seinem Kundenstamm erhält
d) Provision, die für den Abschluss von Verträgen mit Kunden gezahlt wird
e) Provision, die dann gewährt wird, wenn das Geschäft eine bestimmte Gewinnspanne erzielt.

## 2. Fallsituation

Die Gator GmbH stellt Garagentore her. Der Reisende Max Hinterhuber, der bisher für die Region Österreich zuständig war, wird aus Altersgründen bald aus der Gator GmbH ausscheiden. Deshalb sucht die Personalabteilung einen Nachfolger. Die Geschäftsführung der Gator GmbH überlegt, ob sie in Zukunft für den Vertrieb ihrer Produkte in Österreich einen neuen Reisenden oder einen Handelsvertreter einsetzen soll. Für die Entscheidung sollen allein die Kosten ausschlaggebend sein.

Der Reisende erhält ein monatliches Fixum von 2.000 € und eine Umsatzprovision von 3 %. Ein Handelsvertreter ist bereit, für eine Umsatzprovision von 8 % für die Gator GmbH tätig zu werden.

**a)** Berechnen Sie, welche Alternative kostengünstiger ist, wenn von einem Jahresumsatz in Höhe von 300.000 € ausgegangen wird.

**b)** Ermitteln Sie die Umsatzhöhe, ab der die andere Alternative günstiger wird (kritischer Punkt), grafisch und rechnerisch.

**c)** Nach neueren Prognosen wird der künftige Jahresumsatz der Gator GmbH in Österreich auf ca. 500.000 € geschätzt. Führen Sie drei Argumente an, die trotzdem für den Einsatz eines Handelsvertreters sprechen können.

**d)** Die Geschäftsleitung hat sich für den Einsatz eines Handelsvertreters entschieden. Ein Vertriebsmitarbeiter gibt Folgendes zu bedenken: „Wer garantiert uns eigentlich, dass die Kunden, die der Handelsvertreter anschleppt, auch alle zahlen?“ Unterbreiten Sie einen Vorschlag, wie der Vertrag mit dem Handelsvertreter gestaltet sein müsste, um diesem Risiko entgegenzuwirken. Erläutern Sie die Wirkungsweise der Maßnahme.

**e)** Führen Sie zwei Argumente an, die für den direkten Absatz über Außendienstmitarbeiter sprechen.

# Lösungen

## 1. Wissensfragen

### 1.1 Lernfragen

**1.**

Eine Zweigniederlassung verfügt über keine eigene Rechtspersönlichkeit, eine Vertriebsgesellschaft ist eine juristische Person, hat also eine eigene Rechtspersönlichkeit.

**2.**

Z. B. Einzelhändler, Großhändler, Handelsvertreter, Kommissionäre

**3.**

Vorteile: Z. B. geringere Raumkosten, geringerer Personalaufwand
Nachteile: Z. B. fehlende Kundennähe, hohe Reisekosten

**4.**

Der Kommissionär verkauft Waren in eigenem Namen, der Handelsvertreter in fremdem Namen. Der Kommissionär verfügt im Gegensatz zum Handelsvertreter über ein Lager, in dem er die Waren des Kommittenten lagert und von wo aus der Kunde beliefert werden kann.

**5.**

Der Franchisegeber spart sich hohe Investitionskosten in Vertriebs- bzw. Produktionseinrichtungen, da diese von den Franchisenehmern übernommen werden. Außerdem kann der Franchisegeber damit leichter einen flächendeckenden Absatz erreichen.

**6.**

Einzelhändler verkaufen ihre Waren direkt an den Endverbraucher. Großhändler verkaufen ihre Ware an andere Unternehmen (Industrie, andere Großhändler, Einzelhändler etc.).

**7.**

Z. B. räumlicher Ausgleich, zeitlicher Ausgleich, mengenmäßiger Ausgleich, qualitativer Ausgleich

### 1.2 Mehrfachauswahl

**1. e**

Direkter Absatz heißt, dass der Hersteller seine Produkte direkt an den Endkunden verkauft. Der Endkunde muss nicht zwangsläufig Verbraucher sein. Im Fall e) z. B. ist der Handwerksbetrieb Endkunde für die Werkzeuge, da er sie nutzt und nicht weiterverkauft.

**2.**

| Absatzorgan | Charakterisierung |
|---|---|
| Handlungsreisender | **g** |
| Handelsvertreter | **d** |
| Kommissionär | **a** |
| Handelsmakler | **f** |
| Einzelhandel | **c** |
| Großhandel | **e** |
| Verkaufsbüro | **b** |

**3. c, e**

Der Handelsvertreter ist selbstständiger Kaufmann, sodass kein Arbeitsvertrag existiert. Die Lieferung an den Kunden erfolgt durch den Unternehmer (z. B. Hersteller) und nicht durch den Handelsvertreter.

**4. c**

a) Der Kommittent vermittelt nicht nur, sondern schließt Verträge auf Rechnung des Kommittenten ab.
b) doch: Selbsteintrittsrecht des Kommissionärs
d) Der Kommissionär kann nicht verkaufte Waren an den Kommittenten zurückgeben.

**5. a**

b) Inkassoprovision
c) Ausgleichsanspruch
d) Abschluss- bzw. Umsatzprovision

## 2. Fallsituation

**a)**

C

Handelsvertreter: 300.000 € · 0,08 = 24.000 €
Reisender: 300.000 € · 0,03 + 24.000 € = 33.000€

Fazit: Bei einem Jahresumsatz von 300.000 € ist der Handelsvertreter die kostengünstigere Variante.

**b)**

C

x · 0,08 = x · 0,03 + (12 · 2.000 €)
x = **480.000 €**

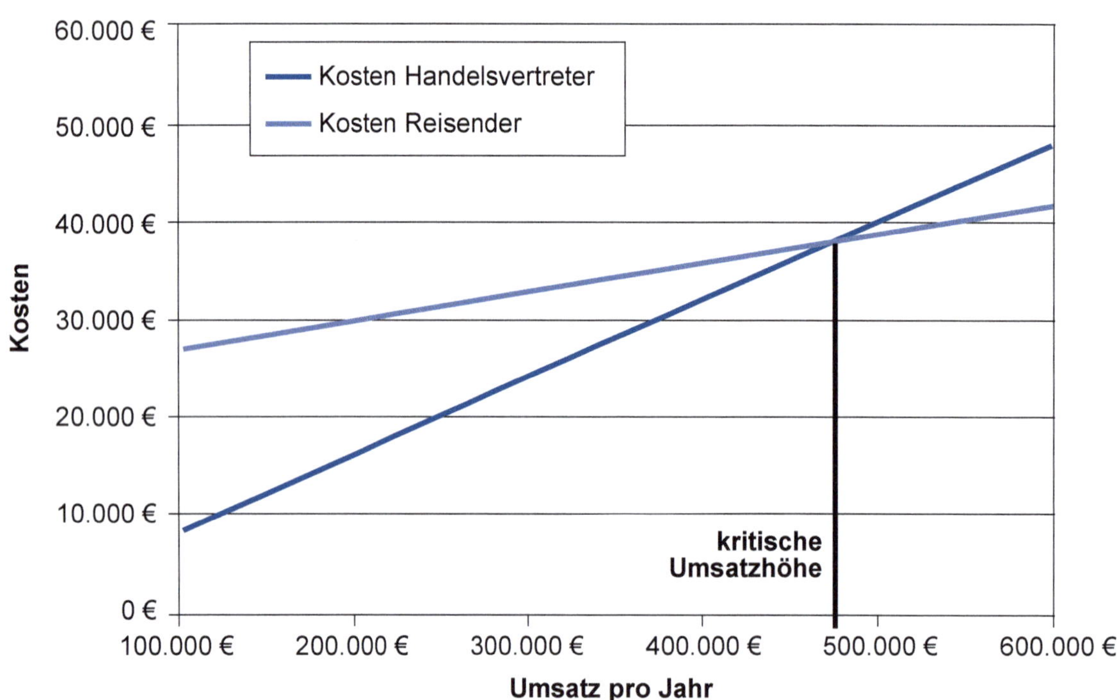


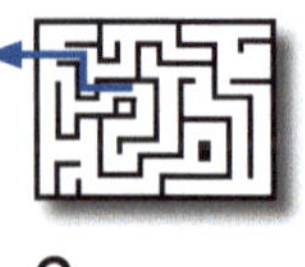
C

**c)**

1. Falls der geplante Umsatz nicht erreicht wird, hat die Gator GmbH beim Vertrieb über den Handelsvertreter das geringere Kostenrisiko, da gegenüber dem Reisenden keine Fixkosten anfallen.
2. Der Handelsvertreter verfügt gegenüber einem Reisenden, der sich in der Vertriebsregion erst neu einarbeiten muss, über die bessere Marktkenntnis und umfangreichere Kontakte.
3. Der Handelsvertreter könnte zusätzliche Funktionen, wie z. B. Inkasso- bzw. Delkrederefunktion, übernehmen. (Allerdings wäre das dann mit zusätzlichen Provisionen verbunden.)

C

**d)**

Mit dem Handelsvertreter kann z. B. eine Delkredereprovision vereinbart werden. Der Handelsvertreter übernimmt das Delkredererisiko (Risiko des Zahlungsausfalls) und erhält dafür eine zusätzliche Provision (Delkredereprovision). Zahlt ein Kunde nicht, muss der Handelsvertreter für die Forderung der Gator GmbH einstehen.

A, C

**e)**

Die Außendienstmitarbeiter können einen direkten Kontakt zwischen den Kunden und der Gator GmbH herstellen; Kundenwünsche können somit innerhalb der Gator GmbH schneller erkannt und umgesetzt werden.

Die Abhängigkeit von fremden Absatzorganen (z. B. Handelsvertreter bzw. Händler) wird verringert.

# IV. Risiken des Exportgeschäfts

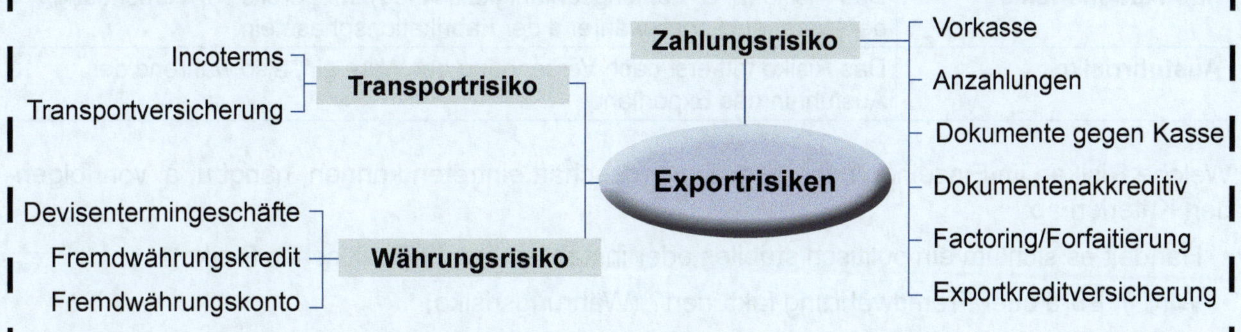


**Überblick über die Risiken des Exportgeschäfts**

**a) nach der Art des Risikos**

| Risiko | Erläuterung | Maßnahmen |
|---|---|---|
| **Transportrisiko** | Wer trägt die Gefahr von Transportschäden sowie die Transportkosten? | • Transportversicherung<br>• Incoterms |
| **Zahlungsrisiko** | Gefahr, dass der Forderungsbetrag durch den ausländischen Kunden nicht bzw. zu spät beglichen wird | • Vorkasse<br>• Anzahlungen<br>• Dokumente gegen Kasse bzw. Akzept<br>• Dokumentenakkreditiv<br>• Factoring<br>• Forfaitierung<br>• Exportkreditversicherung |
| **Währungsrisiko (Wechselkursrisiko)** | Wenn in Fremdwährung fakturiert wird, kann sich der Wert der Forderung (gemessen in der Inlandswährung) durch Wechselkursschwankungen verändern. | • Devisentermingeschäfte<br>• Fremdwährungskredite<br>• Fremdwährungskonten |

**b) nach der Risikoursache**

Das Zahlungsrisiko kann nach der Ursache in zwei Kategorien eingeteilt werden:

| Risiko | Gründe |
|---|---|
| **Politische Risiken** | Gesetzliche oder behördliche Maßnahmen (z. B. Embargos), kriegerische Ereignisse, Aufruhr oder Revolution im Ausland. |
| **Wirtschaftliche Risiken** | Insolvenz, Zahlungsunfähigkeit oder Zahlungsverzögerung des ausländischen Kunden. |

**c) nach dem Zeitpunkt des Risikoeintritts**

| Risiko | Erläuterung |
|---|---|
| **Fabrikationsrisiko** | Das Risiko (z. B. Zahlungsunfähigkeit, Krieg) tritt bereits vor Versendung der Ware, also noch während der Fabrikationsphase ein. |
| **Ausfuhrrisiko** | Das Risiko tritt erst nach Versendung der Ware ein, also während der Ausfuhr in das Exportland. |

Welche Risiken im Einzelnen bei einem Exportgeschäft eintreten können, hängt u. a. von folgenden Kriterien ab:

- Handelt es sich um ein politisch stabiles oder instabiles Land? (Politisches Risiko)
- Wird in Euro oder Fremdwährung fakturiert? (Währungsrisiko)
- Handelt es sich um einen kreditwürdigen oder weniger kreditwürdigen Kunden? (Zahlungsrisiko)
- Wie gefährlich ist der Transport? (Transportrisiko)

**Beispiel 1:**
Ein Hersteller medizintechnischer Geräte erhält einen Auftrag über die Lieferung von Röntgengeräten an eine französische Universitätsklinik (staatlich) mit einem Auftragswert von 10 Mio. €.

In diesem Fall sind die exportspezifischen Risiken eher gering:

⇒ nahezu kein politisches Risiko (EU-Staat)

⇒ geringes Zahlungsrisiko (staatlicher Auftraggeber)

⇒ kein Währungsrisiko (Fakturierung in Euro)

⇒ überschaubares Transportrisiko (verhältnismäßig geringe Entfernung, kein Zoll).

**Beispiel 2:**
Ein Unternehmen erhält einen Auftrag über die schlüsselfertige Errichtung einer Papierfabrik in Höhe von 100 Mio. US$ in einem afrikanischen Entwicklungsland. Die Bauzeit beträgt zwei Jahre. Das Land wird gemäß der Risikoklassifikation der OECD mit einem Länderrisiko von 7 eingestuft und befindet sich in Grenzstreitigkeiten mit einem Nachbarstaat. Der Auftraggeber ist ein privates Zellstoffunternehmen aus dem Entwicklungsland, das von international anerkannten Ratingagenturen mit einer geringen Bonität bewertet worden ist.

Es ist insbesondere mit folgenden Risiken zu rechnen:

⇒ hohes politisches Risiko (Länderrisiko 7, Grenzstreitigkeiten)

⇒ hohes Zahlungsrisiko (privater Auftraggeber, geringe Bonität)

⇒ Währungsrisiko (evtl. Kursschwankungen)

⇒ Transportrisiko (aufwendiger Schiffstransport der Teile und Anlagen, Zollabwicklung).

Hinzu kommen der hohe Auftragswert und die lange Laufzeit des Projekts. Je länger die Laufzeit, umso unvorhersehbarer sind die Ereignisse (z. B. Kriegsausbruch, Wirtschaftskrisen etc.).

**Risikomanagement**

Gerade im Auslandsgeschäft existieren zahlreiche Risiken, die Gewinn und Liquidität negativ beeinflussen und damit unter Umständen sogar den Fortbestand der Unternehmung bedrohen können. Für export-orientierte Unternehmen ist daher die Erkennung und Absicherung solcher Risiken von großer Bedeutung.

Nach dem **Gesetz zur Kontrolle und Transparenz im Unternehmensbereich** (KonTraG) sind Aktiengesellschaften in Deutschland sogar gesetzlich zur Risikofrüherkennung verpflichtet!

**Problem:** Die Anzahl und die Art der vorstellbaren Risiken sind nur sehr schwer zu überschauen. Es ist auch nicht möglich, alle möglichen Risiken mit entsprechenden Maßnahmen abzusichern. Man muss sich daher auf die wichtigsten Risiken konzentrieren.

**Systematisches Risikomanagement (Risk Management) betreiben!**

Das Risikomanagement bewertet die potenziellen Risiken nach Eintrittswahrscheinlichkeit und Schadenshöhe. Daraus ergibt sich dann folgende Matrix:

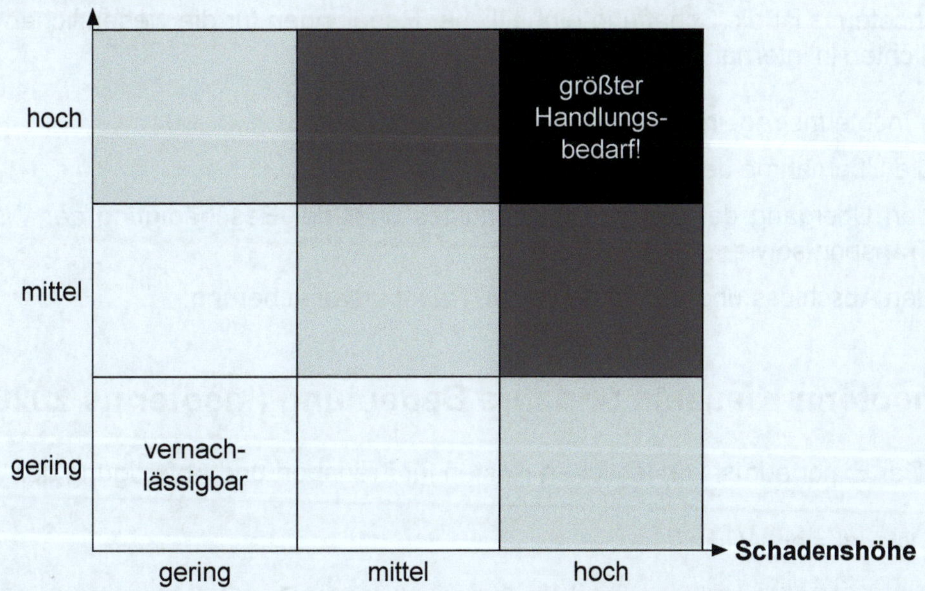

Je höher die Eintrittswahrscheinlichkeit und je höher die mögliche Schadenshöhe, umso intensiver muss eine Absicherung des Risikos durch geeignete Maßnahmen erfolgen.

So können die Risiken herausgefiltert werden, für die unbedingt Vorsorgemaßnahmen eingeleitet werden müssen. Andere Risiken wiederum können vernachlässigt werden, da sie auf den Erfolg des Geschäftes keinen nennenswerten Einfluss haben.

# 1. Incoterms

## Was muss ich für die Prüfung wissen?

### 1.1 Was sind Incoterms?

Die INCOTERMS (**In**ternational **Co**mmercial **Terms**) sind das offizielle Regelwerk der „International Chamber of Commerce“ (ICC), Paris, zur Auslegung der in internationalen Lieferverträgen hauptsächlich verwendeten Vertragsformeln.

Seit der Schaffung der Incoterms durch die ICC im Jahre 1936 wurde dieses weltweit anerkannte Standardwerk regelmäßig überarbeitet, um mit den Entwicklungen im internationalen Handel Schritt zu halten. Die seit dem 01.01.2020 geltenden **„Incoterms 2020“** enthalten elf nationale und internationale Handelsklauseln.

### 1.2 Was wird durch die Incoterms geregelt?

Zweck der Incoterms ist die Schaffung einheitlicher Regelungen für die wesentlichen Käufer- und Verkäuferpflichten in internationalen Lieferverträgen.

Die Incoterms regeln insbesondere

- die Übernahme der Transportkosten
- den Übergang der Gefahr des Verlustes oder der Beschädigung der Ware auf dem Transport sowie
- den Abschluss und die Kosten einer Transportversicherung.

### 1.3 Die Incoterm-Klauseln und ihre Bedeutung (Incoterms 2020)

**E-Klausel:** Der Exporteur ist von jeglichen Kosten für Transport und Abfertigung der Ware befreit.

- **EXW: Ex W**orks = ab Werk

  Der Importeur übernimmt die kompletten Transportkosten. Der Gefahrenübergang auf den Importeur erfolgt direkt ab Werk des Exporteurs.

**F-Klauseln:** Der Exporteur entledigt sich seiner Verantwortung mit der Übergabe der Ware an den Frachtführer. Die Kosten des Haupttransports trägt der Importeur.

- **FCA: F**ree **Ca**rrier = frei Frachtführer benannter Lieferort

  Der Verkäufer verpflichtet sich, die Ware auf seine Kosten einem vom Käufer benannten Frachtführer an einem vereinbarten Lieferort zu übergeben. Das ist der Ort der Übergabe der Ware an den ersten Frachtführer am Abgangsort. Ab diesem Zeitpunkt trägt der Käufer die Transportkosten sowie das Risiko von Transportschäden.

- **FAS: F**ree **a**longside **S**hip = frei Längsseite Schiff benannter Verladehafen

  Der Verkäufer hat seine vertraglichen Pflichten dann erfüllt, wenn er die Ware in dem benannten Verschiffungshafen bis an die Längsseite des vom Käufer benannten Schiffes gebracht hat. Ab diesem Zeitpunkt trägt der Käufer die weiteren Transportkosten der Reederei und das Transportrisiko. (Klausel speziell für den Schiffstransport)

- **FOB: F**ree **o**n **B**oard = frei an Bord benannter Verladehafen

  Die Lieferpflicht des Verkäufers endet, wenn die Ware im benannten Hafen auf das vom Käufer benannte Schiff verladen wurde. Ab diesem Zeitpunkt trägt der Käufer die weiteren Transportkosten sowie das Risiko, dass die Ware beim Transport beschädigt wird. (Klausel speziell für den Schiffstransport)

**C-Klauseln:** Hier trägt der Exporteur den Hauptteil der Transportkosten.

- **CFR: C**ost and **Fr**eight = Kosten und Fracht benannter Bestimmungshafen

  Hier trägt der Verkäufer die Frachtkosten bis zum vertraglich vereinbarten Bestimmungshafen, also die Kosten für die Haupttransportstrecke. Die Transportgefahr geht (wie bei FOB) auf den Käufer über, wenn die Ware auf das benannte Schiff verladen wurde. (Klausel speziell für den Schiffstransport)

- **CIF: C**ost, **I**nsurance and **F**reight = Kosten, Versicherung und Fracht benannter Bestimmungshafen

  Neben den Kosten für den Transport zwischen Verlade- und Entladehafen trägt der Verkäufer zusätzlich auf seine Kosten zugunsten des Käufers eine Seeschadensversicherung. Die Transportgefahr geht (wie bei CFR und FOB) auf den Käufer über, wenn die Ware auf das benannte Schiff verladen wurde. (Klausel speziell für den Schiffstransport)

- **CPT: C**arriage **p**aid **t**o = frachtfrei benannter Bestimmungsort

  Der Exporteur trägt sämtliche Transportkosten der Ware zum Bestimmungsort sowie die Kosten für die Exportabwicklung. Der Importeur übernimmt die Kosten der Transportversicherung. Der Gefahrenübergang auf den Importeur erfolgt bei der Übergabe der Fracht an den Frachtführer.

- **CIP: C**arriage and **I**nsurance **p**aid to = frachtfrei versichert benannter Bestimmungsort

  Wie CPT, nur verpflichtet sich der Verkäufer zusätzlich, auf seine Kosten zugunsten des Käufers eine Transportversicherung abzuschließen.

**D-Klauseln:** Der Exporteur übernimmt sowohl die Kosten als auch die Gefahren bis zum Bestimmungsort der Ware.

- **DAP: D**elivered **at P**lace = geliefert benannter Ort

  Der Verkäufer ist verpflichtet, die Ware am Bestimmungsort unentladen zur Verfügung zu stellen. Er trägt alle Transportkosten und -gefahren, bis die Ware dem Käufer auf dem ankommenden Beförderungsmittel entladebereit am benannten Bestimmungsort zur Verfügung gestellt wird.

- **DPU: D**elivered at **P**lace **U**nloaded = geliefert benannter Ort entladen

  Der Verkäufer verpflichtet sich, die Ware an einem vom Käufer genannten Ort entladen zur Verfügung zu stellen. Er trägt alle Transportkosten und -gefahren, bis die Ware vom ankommenden Beförderungsmittel entladen wurde und dem Käufer am benannten Ort zur Verfügung gestellt wird. Das heißt, gegenüber DAP übernimmt der Verkäufer zusätzlich noch Kosten und Risiko des Entladens am benannten Ort.

- **DDP: D**elivered, **D**uty **p**aid = geliefert verzollt benannter Bestimmungsort

  Der Verkäufer ist verpflichtet, dem Käufer die Ware am im Kaufvertrag festgelegten Ort im Einfuhrland zur Verfügung zu stellen. Alle entstehenden Kosten für die gesamte Transportstrecke, Transportrisiko, eine Transportversicherung sowie die Einfuhrabgaben (Einfuhrzoll, Einfuhrumsatzsteuer) bis zu diesem Zeitpunkt sind vom Verkäufer zu tragen. Der Käufer ist nur noch für das Entladen des Transportfahrzeugs verantwortlich.

# Was erwartet mich in der Prüfung?

## 1. Das Lernlabyrinth

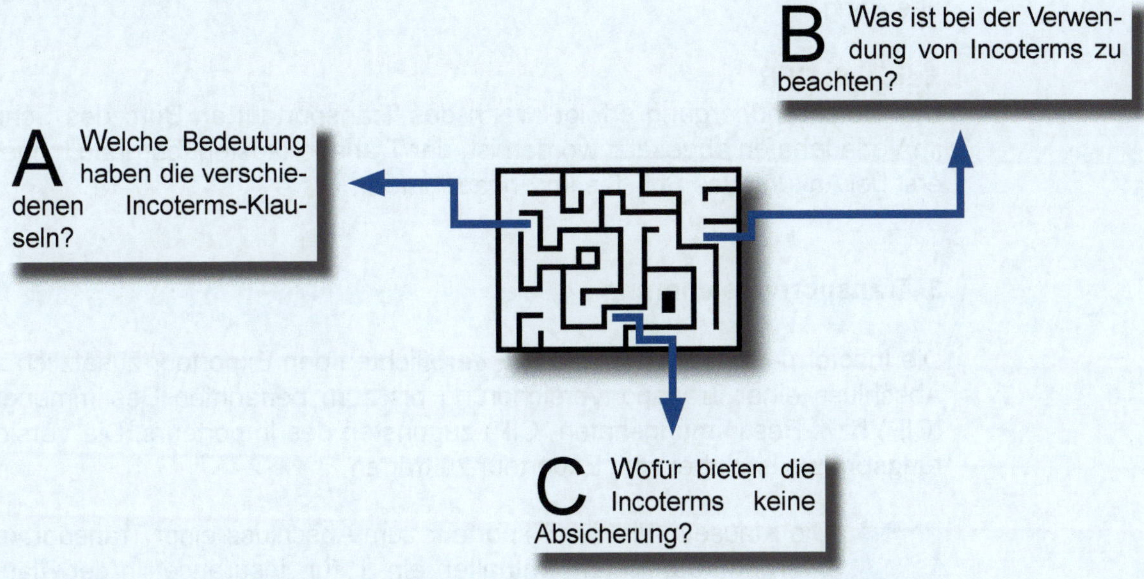


## 2. Wege aus dem Lernlabyrinth

### A Welche Bedeutung haben die verschiedenen Incoterms-Klauseln?

Die Kenntnis der aktuellen Incoterms gehört zu den elementaren Anforderungen im Exportgeschäft. Dabei kommt es insbesondere darauf an, welche Konsequenzen sich aus den jeweiligen Klauseln auf den Gefahrenübergang und die Transportkosten ergeben.

Um die Bedeutung der einzelnen Klauseln leichter erschließen zu können, ist eine Unterteilung in Einpunkt- und Zweipunktklauseln hilfreich.

### 1. Einpunktklauseln

Bei den E-, F- und D-Klauseln handelt es sich um sog. „Einpunktklauseln", d. h. Transportkosten- und Gefahrenübergang liegen am gleichen Ort.

**Beispiel: FOB**
Hier ist der Punkt des Transportkosten- und Gefahrenübergangs an Bord des Schiffes im Verladehafen.

### 2. Zweipunktklauseln

Bei den C-Klauseln handelt es sich um sog. „Zweipunktklauseln“, d. h. Transportkosten- und Gefahrenübergang liegen an unterschiedlichen Orten.

Der Gefahrenübergang erfolgt bei den C-Klauseln vor dem Transportkostenübergang.

**Beispiel: CFR**
Der Gefahrenübergang erfolgt, wenn das Transportgut an Bord des Schiffes im Verladehafen abgesetzt worden ist, der Transportkostenübergang hingegen erst bei Ankunft des Schiffes im Entladehafen.

### 3. Transportversicherung

Die Incoterm-Klauseln CIP und CIF verpflichten den Exporteur zusätzlich zum Abschluss einer Transportversicherung bis zum benannten Bestimmungsort (CIP) bzw. Bestimmungshafen (CIF) zugunsten des Importeurs. Die Versicherungsprämie ist dabei vom Exporteur zu tragen.

Die Klauseln, die den Exporteur zum Abschluss einer Transportversicherung verpflichten, enthalten ein „i“ für „insurance“ in der Klausel-Abkürzung.

Die Incoterm-Klauseln DAP, DPU und DDP verpflichten den Exporteur zwar nicht ausdrücklich zum Abschluss einer Transportversicherung. Allerdings empfiehlt es sich für den Exporteur auch bei diesen Klauseln, eine Transportversicherung abzuschließen, da er die Gefahr für den Verlust bzw. die Beschädigung der Ware auf dem Transportweg bis zum benannten Bestimmungsort trägt.

## B Was ist bei der Verwendung von Incoterms zu beachten?

### 1. Gültigkeit der Incoterms

Die Geltung der Incoterms muss ausdrücklich im Vertrag vereinbart werden.
Es sollte grundsätzlich der Zusatz „Incoterms 2020“ angefügt werden, um klarzustellen, dass die aktuelle Version anzuwenden ist.

**2. Formulierung der Klausel**

Die Bezugnahme auf die Incoterms erfolgt entweder durch Aufnahme des vollen Titels der gewählten Incoterms-Klausel oder durch Verwendung der Buchstabenabkürzung.

Die Klauseln müssen um den benannten Ort ergänzt werden. Dabei sollte der Ort möglichst konkret bezeichnet werden.

**Beispiel:**
„EXW, Hamburg, Incoterms 2020"
⇒ Es gilt die Incoterms-Klausel EXW (Ex Works, Ab Werk). Der Ort des Gefahren- und Kostenübergangs ist Hamburg. Es ist die aktuelle Fassung „Incoterms 2020" der ICC anzuwenden.

**3. Transportarten**

Nicht alle Klauseln sind für alle Transportarten geeignet.

| Klauseln für den Schiffstransport | Klauseln für alle Transportarten |
|---|---|
| FAS, FOB, CFR, CIF | EXW, FCA, CPT, CIP, DPU, DAP, DDP |

## C Wofür bieten die Incoterms keine Absicherung?

Die Incoterms regeln lediglich die mit dem Transport zusammenhängenden Kosten und Risiken. Nicht abgesichert werden können hingegen

- das Zahlungsrisiko oder
- das Währungsrisiko (Wechselkursrisiko).

Für diese Risiken müssen gesonderte Vorsorgemaßnahmen getroffen werden.

# So trainiere ich für die Prüfung

## Aufgaben

## 1. Wissensfragen

### 1.1 Lernfragen

**1.** Welche Sachverhalte werden durch die Incoterms geregelt?

**2.** Erklären Sie den Unterschied zwischen Einpunkt- und Zweipunktklauseln.

**3.** Nennen Sie zwei Incoterms-Klauseln, die speziell für den Schiffstransport geeignet sind.

**4.** Nennen Sie drei „F-Klauseln“.

**5.** Erläutern Sie den Unterschied zwischen CFR und CIF.

### 1.2 Mehrfachauswahl

**1.** Welche Aussage zu den Incoterms ist richtig?

a) Die Incoterms werden auf nationaler Ebene durch die Regierung erlassen.
b) Die Incoterms sind in den International Accounting Standards geregelt.
c) Nur innerhalb der Europäischen Union sind die Incoterms als einheitliche Regelung von Liefervertragsverpflichtungen anerkannt.
d) Die Incoterms haben das Ziel, das Zahlungsrisiko bei Exportgeschäften abzusichern.
e) Zweck der Incoterms ist die Schaffung einheitlicher Regelungen für die wesentlichen Käufer- und Verkäuferpflichten in internationalen Lieferverträgen.

**2.** Welche Aussagen zu den Incoterms sind falsch?

a) Die Klausel „EXW“ stellt die für den Exporteur ungünstigste Klausel dar.
b) Bei der Klausel „FOB“ handelt es sich um eine Einpunktklausel.
c) Gemäß der Klausel „DDP“ muss der Verkäufer auch die Einfuhrverzollung übernehmen.
d) Bei der Klausel „CIF“ liegt der Ort des Gefahrenübergangs näher beim Verkäufer als der Ort des Transportkostenübergangs.
e) Die Klausel „DAP“ steht für „Delivered at Place“.
f) Die Klausel „FOB“ ist hinsichtlich der Transportkosten günstiger für den Käufer als die Klausel „CFR“.

**3.** In welcher Zeile sind alle Klauseln spezielle Seefrachtklauseln?

a) DAP, DPU, FCA
b) CFR, CIF, CIP
c) CIF, CPT, FAS
d) FOB, DPU, CIF
e) FAS, FOB, CFR.

**4.** Welche der folgenden Klauseln ist für den Verkäufer im Hinblick auf den Gefahrenübergang bei einem Schiffstransport am günstigsten?

a) FAS
b) DDP
c) FOB
d) CFR
e) CIF.

**5.** Ein Kunde nennt in seiner Bestellung die Incoterms-Klausel „FCA". Welche Erklärung trifft auf diese Klausel zu?

a) Der Gefahrenübergang auf den Importeur erfolgt bei Übergabe der Ware an den ersten Frachtführer. Die Transportkosten trägt der Verkäufer bis zum Bestimmungsort.
b) Der Verkäufer stellt die Ware auf eigene Kosten und Gefahren am benannten Ort im Einfuhrland unentladen zur Verfügung.
c) Fracht und Kosten sind vom Verkäufer bis zum Bestimmungsort zu bezahlen. Der Gefahrenübergang vom Verkäufer auf den Käufer erfolgt bei Übergabe der Ware an den ersten Frachtführer.
d) Der Verkäufer hat die Ware an den vom Käufer benannten Frachtführer zu übergeben. Nach Übergabe der Ware an den Frachtführer gehen Kosten und Gefahren auf den Käufer über.
e) Der Verkäufer stellt die Ware auf eigene Kosten und Gefahren am benannten Ort im Einfuhrland verzollt zur Verfügung.

## 2. Fallsituation

Die Essener Maschinenbau GmbH erhält einen Auftrag einer Druckerei aus Mumbai (Indien) über die Lieferung von zwei Druckmaschinen im Wert von insgesamt 340.000 US$. Die Lieferzeit beträgt 6 Monate.

**a)** Welche Incoterms-Klausel müsste der Vertrag enthalten, wenn die Essener Maschinenbau GmbH die Verlade- und Frachtkosten inklusive Transportversicherung bis zum Bestimmungshafen tragen soll? (Konkrete Formulierung)

**b)** Führen Sie zwei Vorteile dieser Klausel für die Essener Maschinenbau GmbH gegenüber der Klausel „DDP Mumbai" an.

**c)** Nennen Sie zwei Risiken, die im vorliegenden Fall nicht durch die Incoterms abgesichert werden können und schlagen Sie jeweils ein anderes Instrument zur Absicherung vor.

# Lösungen

## 1. Wissensfragen

### 1.1 Lernfragen

**1.**

Transportkostenübernahme
Gefahrenübergang
evtl. Transportversicherung und Zoll

**2.**

Einpunktklauseln: Gefahrenübergang und Transportkostenübergang liegen an ein und demselben Ort.
Zweipunktklauseln: Gefahrenübergang und Transportkostenübergang liegen an unterschiedlichen Orten.

**3.**

Z. B. FAS, FOB (oder CFR, CIF)

**4.**

FCA, FAS, FOB

**5.**

Bei CIF muss der Verkäufer zusätzlich auf seine Kosten zugunsten des Käufers eine Transportversicherung für den Seetransport bis zum Bestimmungshafen tragen.

### 1.2 Mehrfachauswahl

**1. e**

a) Die Incoterms stammen von der ICC.
d) Incoterms dienen nicht der Zahlungssicherung, sondern zur Regelung des Gefahrenübergangs und der Transportkosten.

**2. a, f**

a) Die Incoterms-Klausel „Ex Works“ stellt die für den Exporteur im Hinblick auf Transportkosten und Gefahrenübergang günstigste Klausel dar.
f) Bei FOB muss der Käufer die Transportkosten bereits ab dem Verschiffungshafen übernehmen, bei CFR erst ab dem Bestimmungshafen.

**3. e**

FCA, CIP, CPT, DPU, DAP sind keine speziellen Seefrachtklauseln.

**4. a**

Bereits wenn der Verkäufer die Ware an der Längsseite des Schiffes bereitstellt, geht bei FAS die Gefahr des zufälligen Untergangs bzw. der Beschädigung auf den Käufer über, bei FOB, CFR, CIF hingegen erst, wenn die Ware an Bord des Schiffes abgesetzt worden ist. Bei DDP muss der Verkäufer sämtliche Kosten und Gefahren inklusive der Einfuhrverzollung bis zum Bestimmungsort im Einfuhrland übernehmen.

**5. d**

FCA = Free Carrier (frei Frachtführer benannter Ort)

## 2. Fallsituation

**a)**

CIF, Mumbai, Incoterms 2020

**Hinweis:** Der Bestimmungshafen muss benannt werden. Die aktuelle Fassung der Incoterms wird sicherheitshalber angegeben. **A, B**

**b)**

Bei DDP müsste die Essener Maschinenbau GmbH neben den Transportkosten zusätzlich noch die Einfuhrabgaben und die Einfuhrabwicklung (Zoll etc.) übernehmen. Außerdem geht die Gefahr erst in Mumbai auf den Kunden über. **A**

**c)**

Zahlungsrisiko: Absicherung z. B. durch Dokumentenakkreditiv
Währungsrisiko (Fakturierung in US-Dollar): Absicherung z. B. durch Devisentermingeschäft **C**

# 2. Zahlungssicherung im Exportgeschäft

## Was muss ich für die Prüfung wissen?

Da der Zahlungseingang bei Exportaufträgen besonderen Unsicherheitsfaktoren unterliegen kann, haben sich im Außenhandel spezifische Zahlungsbedingungen und Instrumente der Zahlungssicherung herausgebildet.

## 2.1 Voraus- und Anzahlungen

### a) Vorkasse/Vorauszahlung

Der Kunde erhält die Ware erst dann, wenn er den gesamten Forderungsbetrag im Voraus gezahlt hat.

Für den Kunden ist die Vorauszahlung die ungünstigste, für den Verkäufer die günstigste und sicherste Zahlungsbedingung, weil das Risiko des Zahlungsausfalls vollständig ausgeschlossen wird.

Problem: Die Bereitschaft der Kunden, sich auf eine Vorauszahlung einzulassen, ist i. d. R. sehr gering.

### b) Anzahlungen

Hier zahlt der Kunde gemäß einem vertraglich vereinbartem Anzahlungsplan Teilbeträge der Gesamtsumme im Voraus. Die Termine und Beträge der einzelnen Anzahlungen orientieren sich dabei meist am Fertigstellungsgrad bzw. den anfallenden Kosten.

**Beispiel:**
Ein ausländischer Kunde bestellt 4 Maschinen, die nacheinander hergestellt, aber zusammen ausgeliefert werden. Immer wenn eine Maschine fertig gestellt ist, sind 20 % des Gesamtbetrages fällig. Die letzten 20 % werden dabei nach Auslieferung der 4 Maschinen bezahlt.

## 2.2 Dokumentäre Zahlungsbedingungen

Die Sicherheit besteht hier darin, dass dem Kunden bestimmte Dokumente, die ihm Zugang zum Besitz und Eigentum an der Ware verschaffen, erst dann ausgehändigt werden, wenn die Zahlung erfolgt.

### a) Dokumenteninkasso

Der Exporteur einer Ware veranlasst seine Bank, gegen die Aushändigung bestimmter Dokumente seine Forderungen bei der Bank des Importeurs einzuziehen.

Die Abwicklung durch die Banken erfolgt aufgrund der „Einheitlichen Richtlinien für Inkassi (ERI)“ der Internationalen Handelskammer in Paris sowie den AGB der beteiligten Banken.

- **Dokumente gegen Kasse/documents against payment (d/p)**

  Der Importeur erhält die Dokumente erst nach Zahlung der Vertragssumme. Solange der Kunde nicht zahlt, bekommt er auch keine Dokumente und kann somit nicht auf die Ware zugreifen.

- **Dokumente gegen Akzept/documents against acceptance (d/a)**

  Der Importeur erhält die Ware erst, nachdem er einen auf sich oder die Importeurbank gezogenen Wechsel (Tratte) akzeptiert hat. Hierdurch verschafft sich der Kunde ein Zahlungsziel bis zur Fälligkeit des Wechsels.

**b) Dokumentenakkreditiv (Letter of Credit, L/C)**

Das Dokumentenakkreditiv ist ein abstraktes Zahlungsversprechen der Bank des Importeurs an den Exporteur, Zahlung gegen fristgerechte Vorlage bestimmter im Akkreditiv vereinbarter Dokumente zu leisten.

Abstrakt bedeutet, dass das Zahlungsversprechen der Bank rechtlich losgelöst vom Grundgeschäft (also dem Kaufvertrag) ist.

Ein international anerkanntes Regelwerk für die Abwicklung von Dokumentenakkreditiven bilden die ERA 600 (Einheitliche Richtlinien und Gebräuche für Dokumenten-Akkreditive).

Man unterscheidet u. a. folgende Arten von Akkreditiven:

**Unwiderrufliche und widerrufliche Akkreditive:**

- **Widerrufliche** Akkreditive können bis zur Einreichung akkreditivkonformer Dokumente durch den Importeur widerrufen oder geändert werden. Es bietet dem Exporteur keine wirkliche Zahlungssicherheit und ist in der Praxis kaum gebräuchlich.
- **Unwiderrufliche** Akkreditive können grundsätzlich nicht widerrufen oder abgeändert werden, es sei denn, dass alle Beteiligten (Exporteur, Importeur, Banken) der Änderung zustimmen.

Seit Einführung der ERA 600 im Jahr 2007 gelten Akkreditive grundsätzlich als unwiderruflich.

**Bestätigte und unbestätigte Akkreditive:**

- Ein **unbestätigtes** Akkreditiv beinhaltet lediglich das Zahlungsversprechen der Bank des Importeurs (ausländische Bank).
- Ein **bestätigtes** Akkreditiv bietet dem Exporteur zusätzlich noch ein Zahlungsversprechen der Bank des Exporteurs (inländische Bank). Dies steigert die Sicherheit des Akkreditivs.

Ein bestätigtes Akkreditiv bietet zwar mehr Sicherheit, verursacht aber auch höhere Kosten.

## 2.3 Weitere Möglichkeiten der Zahlungssicherung

Es besteht die Möglichkeit, das Risiko des Zahlungsausfalls auf andere Institutionen abzuwälzen.

### a) Exportkreditversicherung

Zur Absicherung der mit den Exportgeschäften verbundenen Kreditrisiken können deutsche Exporteure Exportkreditgarantien des Bundes zur Förderung der deutschen Ausfuhren in Anspruch nehmen.

Abgesichert werden durch solche „Hermes-Deckungen“ folgende Risiken:

- **Fabrikationsrisiko:** Bei der Deckung des Fabrikationsrisikos bezieht sich die Garantie bzw. Bürgschaft auf Verluste, die dem Exporteur durch vorzeitige Beendigung des Geschäftes entstehen. Gedeckt werden die Selbstkosten.
- **Ausfuhrrisiko:** Die Deckung des Ausfuhrrisikos schützt den Exporteur für die Zeit vom Versand der Ware oder dem Beginn der Leistung bis zum Eingang der Exportforderung. Gedeckt wird der Forderungsbetrag.

Allerdings ist die Gewährung der Ausfuhr- bzw. Fabrikationsrisikogarantien und -bürgschaften an bestimmte Deckungsvoraussetzungen gebunden (z. B. Förderungswürdigkeit des Projekts, Ware überwiegend deutschen Ursprungs etc.).

Selbstbehalte und Entgelte, die u. a. von der Deckungssumme und dem Risiko abhängig sind, müssen einkalkuliert werden.

### b) Factoring

Der Exporteur verkauft kurzfristige Forderungen (meist eines bestimmten Kundenstammes) an einen Factor und erhält von diesem den um eine Gebühr verminderten Forderungsbetrag. Der Factor übernimmt das Risiko des Forderungsausfalls (Delkredererisiko) und übt auch bestimmte Dienstleistungsfunktionen (Inkasso, Mahnwesen etc.) aus.

### c) Forfaitierung

Auch hier verkauft der Exporteur die Exportforderung an einen Dritten (Forfaiteur). Allerdings handelt es sich hierbei um einzelne kurz- bis mittelfristige Exportforderungen. Der Exporteur haftet gegenüber dem Forfaiteur für den rechtlichen Bestand der Forderung.

# Was erwartet mich in der Prüfung?

## 1. Das Lernlabyrinth

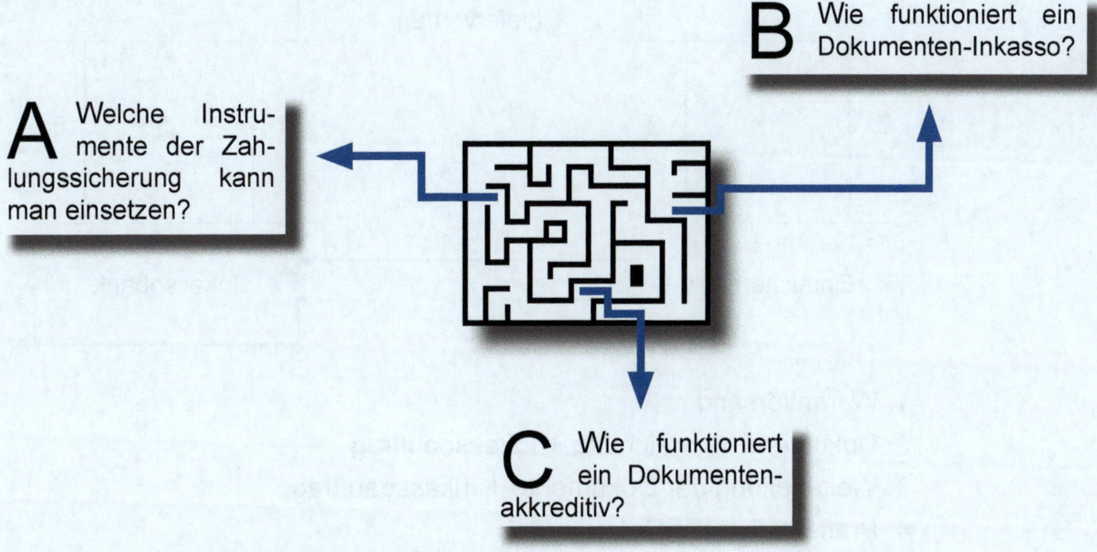


## 2. Wege aus dem Lernlabyrinth

A **Welche Instrumente der Zahlungssicherung kann man einsetzen?**

Aus Sicht des Exporteurs ist die Vereinbarung einer Vorauszahlung (evtl. Anzahlung) die sicherste, einfachste und kostengünstigste Variante.

Ist eine Vorauszahlung nicht möglich, weil der Kunde eine solche Vertragsbedingung nicht akzeptiert, können andere Alternativen der Gestaltung von Zahlungsbedingungen in Erwägung gezogen werden:

- Dokumenteninkasso bzw. Dokumente gegen Akzept
- Dokumentenakkreditiv.

Eine andere Methode wäre die Versicherung des Exportkreditrisikos z. B. über eine „Hermes-Deckung".

Schließlich besteht noch die Option, bereits entstandene Forderungen zu verkaufen:

- Factoring
- Forfaitierung.

Es ist zu berücksichtigen, dass die beteiligten Banken, Versicherer und Factoring-Gesellschaften Gebühren bzw. Entgelte verlangen. Der Nutzen der Zahlungssicherheit sollte dabei stets in einem angemessenen Verhältnis zu den anfallenden Kosten stehen.

# B Wie funktioniert ein Dokumenten-Inkasso?

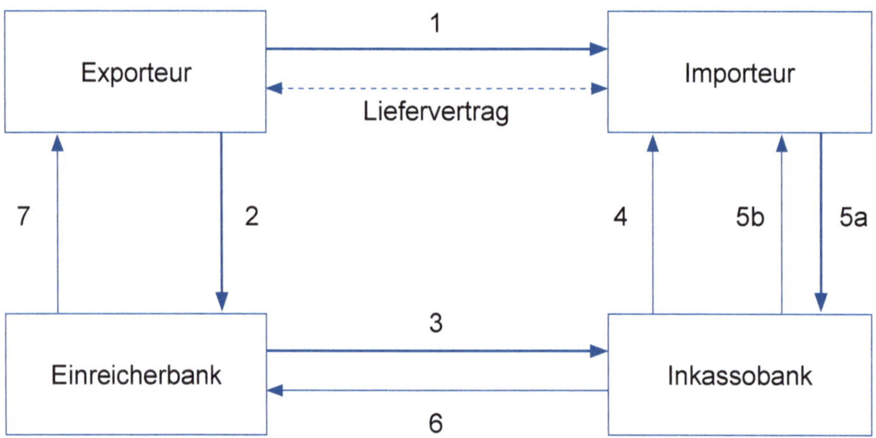


1. Warenversand
2. Dokumenteneinreichung + Inkassoauftrag
3. Weiterleitung der Dokumente + Inkassoauftrag
4. Präsentation der Dokumente
5. Zahlung (5a) gegen Aushändigung der Dokumente (5b)
6. Zahlung an Einreicherbank
7. Zahlung an Exporteur (Gutschrift).

# C Wie funktioniert ein Dokumentenakkreditiv?

## 1. Wie läuft ein Akkreditiv ab?

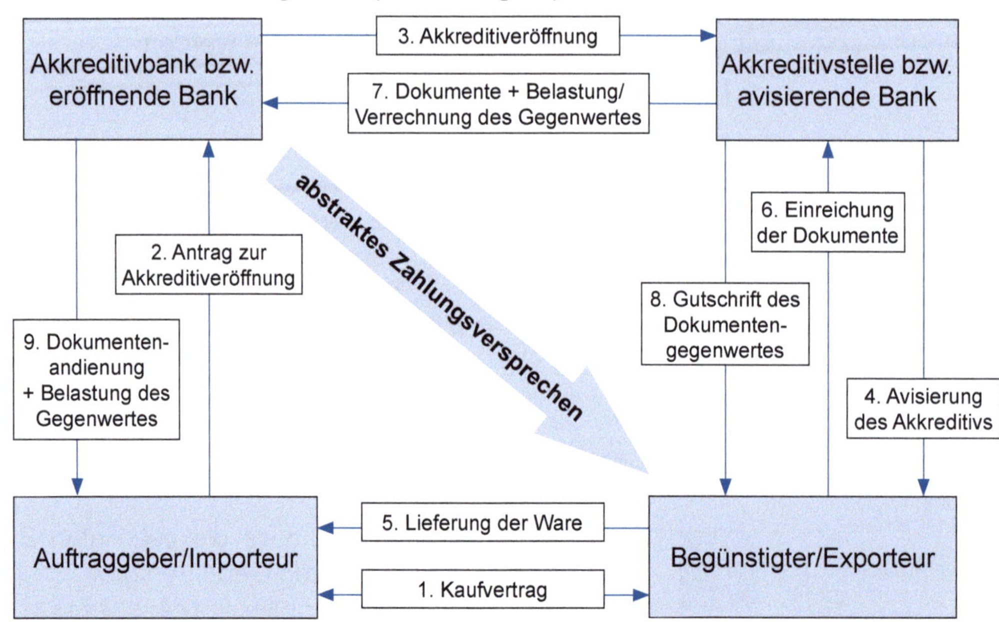

Die Zahlung erfolgt nur, wenn die Dokumente akkreditivkonform und fristgerecht eingereicht werden.

**2. Welche Dokumente müssen eingereicht werden?**

Zu den häufig geforderten Dokumenten gehören:

- Handelsrechnung (evtl. Konsulatsfaktura)
- Lieferschein
- Packliste
- Ursprungszeugnis (beglaubigt durch die Handelskammer im Ursprungsland)
- Konnossement (bill of lading, b/l) bzw. Luftfrachtbrief (airway bill)
- Transportversicherungspolice
- Qualitätszeugnisse.

# So trainiere ich für die Prüfung

## Aufgaben

## 1. Wissensfragen

### 1.1 Lernfragen

1. Nennen Sie vier Möglichkeiten der Zahlungssicherung im Exportgeschäft.
2. Worin besteht der Unterschied zwischen einem Dokumenteninkasso und einem Dokumentenakkreditiv?
3. Erklären Sie den Unterschied zwischen einem bestätigten und einem unbestätigten Akkreditiv.
4. Erläutern Sie die Bedeutung akkreditivkonformer Dokumente beim Dokumentenakkreditiv.
5. Zählen Sie vier mögliche Dokumente auf, die der Exporteur bei der avisierenden Bank einreichen muss.

### 1.2 Mehrfachauswahl

1. Welche Aussage zum Dokumenteninkasso „documents against payment“ ist richtig?

   a) Es beinhaltet das Zahlungsversprechen einer inländischen Bank.
   b) Es beinhaltet das Zahlungsversprechen einer ausländischen Bank.
   c) Der Importeur erhält die Dokumente erst nach Zahlung der Vertragssumme.
   d) Es werden die ERA 600 zugrunde gelegt.
   e) Es müssen akkreditivkonforme Dokumente bei der Bank eingereicht werden.

2. Ordnen Sie folgende Zahlungsbedingungen nach ihrer Sicherheit für den Exporteur. (Rang 1 = höchste Sicherheit)

| **Maßnahmen** | **Rang** |
|---|---|
| a) Zahlungsziel 30 Tage | |
| b) bestätigtes Dokumentenakkreditiv | |
| c) unbestätigtes Dokumentenakkreditiv | |
| d) documents against payment | |
| e) Vorkasse | |

**3.** Auf welches Instrument der Zahlungssicherung trifft folgende Beschreibung zu: Der Importeur erhält die Ware erst, nachdem er einen auf ihn oder die Importeurbank gezogenen Wechsel (Tratte) akzeptiert hat.

a) Dokumente gegen Kasse
b) Dokumentenakkreditiv
c) Forfaitierung
d) Factoring
e) documents against acceptance.

**4.** Die MED AG stellt medizinisch-technische Geräte her. Mithilfe eines bestätigten Dokumentenakkreditivs soll aus Sicht der MED AG das Zahlungsausfallrisiko bei einem Auslandsgeschäft mit einem indischen Kunden minimiert werden. Bringen Sie die folgenden 6 Schritte der Akkreditivabwicklung in eine sinnvolle Reihenfolge, indem Sie die Ziffern 1 - 7 in die Klammern eintragen.

( ) Die MED AG reicht die geforderten Dokumente akkreditivkonform bei der Akkreditivstelle ein.

( ) Die indische Akkreditivbank eröffnet das Akkreditiv und zeigt die Eröffnung der Bank der MED AG in Deutschland (Akkreditivstelle) an.

( ) Nach erfolgter Prüfung der Dokumente leistet die Akkreditivstelle die Zahlung des im Akkreditiv festgelegten Betrages an die MED AG.

( ) Der indische Kunde erteilt seiner indischen Hausbank (Akkreditivbank) einen Auftrag zur Eröffnung des Akkreditivs.

( ) Die Akkreditivstelle leitet die Dokumente weiter an die indische Akkreditivbank.

( ) Die MED AG erstellt die erforderlichen Versanddokumente und versendet die Ware an den Käufer.

( ) Die Akkreditivstelle zeigt der MED AG die Eröffnung des Akkreditivs an und bestätigt der MED AG das zu ihren Gunsten eröffnete Akkreditiv.

## 2. Fallsituation

Die Montantec GmbH erhält einen Auftrag eines brasilianischen Bergbauunternehmens mit Sitz in Sao Paulo über die Lieferung von 20 Transportfahrzeugen für den speziellen Einsatz in Rohstoffminen im Gesamtwert von 10 Mio. US$. Da der brasilianische Neukunde eine Vorauszahlung und Anzahlungen ablehnt, zieht die Montantec GmbH die Vereinbarung dokumentärer Zahlungsbedingungen in Erwägung.

**a)** Führen Sie drei grundsätzliche Arten dokumentärer Zahlungsbedingungen an, die hier zur Zahlungssicherung infrage kommen.

**b)** Welche Art von dokumentärer Zahlungsbedingung würden Sie der Montantec GmbH empfehlen, wenn die größtmögliche Zahlungssicherheit angestrebt wird? Begründen Sie Ihre Entscheidung.

**c)** Die Montantec GmbH entschließt sich dazu, ein Dokumentenakkreditiv mit dem brasilianischen Kunden als Zahlungsbedingung zu vereinbaren. Nun gilt es noch zu entscheiden, ob die Variante eines unbestätigten oder bestätigten Akkreditivs gewählt werden soll. Führen Sie jeweils einen Vorteil und einen Nachteil des bestätigten gegenüber dem unbestätigten Akkreditiv aus Sicht der Montantec GmbH an.

**d)** Die Montantec GmbH entscheidet sich für ein bestätigtes Dokumentenakkreditiv. Erläutern Sie, worauf die Montantec GmbH bei der Abwicklung des Akkreditivs achten muss, um den Akkreditivbetrag zu erhalten.

# Lösungen

## 1. Wissensfragen

### 1.1 Lernfragen

**1.**

Z. B. Vorauszahlung, Dokumente gegen Kasse, Dokumentenakkreditiv, Exportkreditversicherung

**2.**

Beim Dokumenteninkasso veranlasst der Exporteur seine Bank, gegen die Aushändigung bestimmter Dokumente seine Forderungen bei der Bank des Importeurs einzuziehen. Es beinhaltet kein Zahlungsversprechen einer Bank.

Das Dokumentenakkreditiv ist ein abstraktes Zahlungsversprechen der Bank des Importeurs an den Exporteur, Zahlung gegen fristgerechte Vorlage bestimmter im Akkreditiv vereinbarter Dokumente zu leisten. Es wird vom Importeur veranlasst.

**3.**

Das unbestätigte Akkreditiv enthält das Zahlungsversprechen der Bank des Importeurs, das bestätigte Akkreditiv zusätzlich das der Bank des Exporteurs.

**4.**

Nur wenn die Dokumente vollständig und in der im Akkreditiv vereinbarten Form bei der Bank eingereicht werden, besteht das Zahlungsversprechen der Bank des Importeurs.

**5.**

Z. B. Handelsrechnung, Ursprungszeugnis, Transportversicherungspolice, Konnossement

## 1.2 Mehrfachauswahl

**1. c**

a), b), d) e) treffen für Dokumentenakkreditive zu.

**2.**

| Maßnahmen | Rang |
|---|---|
| a) Zahlungsziel 30 Tage | **5** |
| b) bestätigtes Dokumentenakkreditiv | **2** |
| c) unbestätigtes Dokumentenakkreditiv | **3** |
| d) documents against payment | **4** |
| e) Vorkasse | **1** |

**3. e**

Für alle anderen Instrumente ist kein Wechsel erforderlich.

**4.**

**(5)** Die MED AG reicht die geforderten Dokumente akkreditivkonform bei der Akkreditivstelle ein.

**(2)** Die indische Akkreditivbank eröffnet das Akkreditiv und zeigt die Eröffnung der Bank der MED AG in Deutschland (Akkreditivstelle) an.

**(6)** Nach erfolgter Prüfung der Dokumente leistet die Akkreditivstelle die Zahlung des im Akkreditiv festgelegten Betrages an die MED AG.

**(1)** Der indische Kunde erteilt seiner indischen Hausbank (Akkreditivbank) einen Auftrag zur Eröffnung des Akkreditivs.

**(7)** Die Akkreditivstelle leitet die Dokumente weiter an die indische Akkreditivbank.

**(4)** Die MED AG erstellt die erforderlichen Versanddokumente und versendet die Ware an den Käufer.

**(3)** Die Akkreditivstelle zeigt der MED AG die Eröffnung des Akkreditivs an und bestätigt der MED AG das zu ihren Gunsten eröffnete Akkreditiv.

## 2. Fallsituation

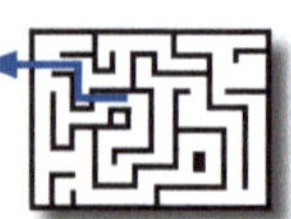

A

a)

Dokumenteninkasso (documents against payment, d/p)
Dokumente gegen Akzept (documents against acceptance, d/a)
Dokumentenakkreditiv (Letter of Credit, L/C)

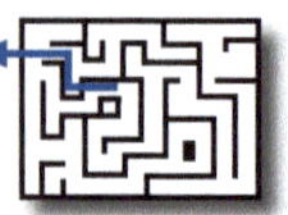

B, C

b)

Dokumentenakkreditiv

Begründung: Das Dokumentenakkreditiv enthält im Gegensatz zum Dokumenteninkasso und zu Dokumente gegen Akzept das Zahlungsversprechen einer Bank. Die Montantec GmbH erhält den Akkreditivbetrag gegen fristgerechte Vorlage akkreditivkonformer Dokumente von der Akkreditivbank und ist somit nicht von der Zahlungswilligkeit bzw. -fähigkeit des brasilianischen Kunden abhängig.

C

c)

Vorteil: Das bestätigte Akkreditiv weist neben dem Zahlungsversprechen der brasilianischen Bank (Bank des Kunden) ein zusätzliches Zahlungsversprechen einer deutschen Bank (Hausbank der Montantec GmbH) auf. Dies erhöht die Zahlungssicherheit.

Nachteil: Die Bestätigung des Akkreditivs durch die Hausbank der Montantec GmbH ist mit zusätzlichen Kosten verbunden.

C

d)

Die Montantec AG muss die Dokumente akkreditivkonform und fristgerecht bei der Akkreditivstelle (Hausbank der Montantec GmbH) vorlegen. Die Hausbank der Montantec GmbH prüft die eingehenden Dokumente. Unvollständige oder falsch ausgestellte Dokumente berechtigen die Bank, die Zahlung zu verweigern. Nach Ablauf der Akkreditiv-Laufzeit verfällt das Akkreditiv und die Bank ist nicht mehr zur Zahlung des Akkreditivbetrags verpflichtet.